AF381166

Leben, Schönheit und alles Cremige
Undine Wolfram

Für William

UNDINE WOLFRAM

Leben, Schönheit und alles Cremige

Schönheit ist kein Zufall. Frau von heute kann
dermatologisch betrachtet zeitlos schön sein.

Verlag: BoD · Books on Demand GmbH, In de Tarpen 42,
22848 Norderstedt
Druck: Libri Plureos GmbH, Friedensallee 273,
22763 Hamburg
ISBN: 978-3-7431-6661-5
Foto Cover: © Valua Vitaly/fotolia.com
Umschlagsgestaltung: U. u. J. Wolfram- Praxis
Lektorat: Gerhard/Schröder

Können Sie Ihre Hautcreme essen? Undine Wolfram beschreibt in einzigartig humoristischer, fachlich fundierter, aber nachvollziehbarer Art und Weise, wie rein ein Cremeelement sein sollte, damit das Hautbild der Leserin/des Lesers endlich der Wunschvorstellung entspricht. In leichten, nachvollziehbaren Schritten tauchen die Leserinnen und Leser in die Welt der Cremes und der Schönheitsgesetze ein, um zu erkennen, wie dankbar und regenerierungsfähig Haut, und wie umsetzbar gesunde Schönheit ist. Eine Kunst, die ihresgleichen sucht, in Form von Wissen gepaart mit Geschichten zum Schmunzeln, entspannt die Leserin/ der Leser unverzüglich und obendrein ihre/seine Haut. Aus ihrem Praxisalltag berichtet Undine Wolfram über Menschen, die fragwürdige, tickende Kosmetikzeitbomben ausprobiert haben - ,ohne einschlägigen Erfolg. Und unendlich dankbar sind, für ihre Haut doch noch einen durch und durch naturbelassenen Weg beschritten zu haben, mit dem man endlich leidige Hautprobleme hinter sich lassen konnte. Frau und Mann von heute können zeitlos schön sein.

INHALTSVERZEICHNIS

Jede Frau kann schön sein

Einleitung

Wenn Sie jemand fragt, ob Sie Ihr Äußeres als schön empfinden, was ist die Antwort? Und wenn Sie Ihrer Haut eine Benotung zuordnen würden – von 1 für »ausgezeichnet« bis 10 für »schlecht« – wie fällt dann die Beurteilung aus? Mit unserer Haut und mit der Schönheit ist das so eine Sache. Wir befinden uns manchmal im Inneren in Harmonie - aber nicht immer mit dem Äußeren. Wir geben mehr für das Benzin des Autos aus, als für unsere unersetzbare Haut. Und doch wollen die meisten von uns schön sein. Oder nicht?
Wenn Sie mich fragen, warum ich dieses Buch und dann noch über Haut in Verbindung mit Schönheit sowie

Schönheitsgesetze und den damit verbundenen Erfahrungen geschrieben habe, ist es genau dieser Grund: Die vielen Erfahrungen und Erkenntnisse, was wir über Haut und Schönheit zu wissen glauben, sind oft weit davon entfernt, uns gerecht zu werden. Und damit auch unserem gesunden und schönen Aussehen. Ich durfte unzählige Menschen dabei begleiten, den Weg von einer oftmals aufgegebenen Haut zu einer lebendig schönen und teilweise makellosen zu finden.

Es waren diese Menschen, die mich immer wieder darum baten, ein Buch über diese Thematik zu schreiben. Eventuell wollten die dermatologisch Genesenen Solidarität mit den noch um Heilung Kämpfenden üben. Ich habe in der Praxis erkennen müssen, dass bei ständigem Kontakt mit Ölen Knochenprobleme in den Händen auftreten, was mich zwang, tiefer in die Materie der Inhaltsstoffe einzutauchen, und ich konnte durch einen bewussten Gebrauch von echten Naturstoffen erleben, wie schnell Probleme (in diesem Fall solche mit den Händen und Knochen) verschwinden. Ich musste feststellen, dass nicht immer Bio drin ist, wo Bio draufsteht, und welche tickenden chemischen

Zeitbomben den Verbraucherinnen werbestrategisch untergejubelt werden. Jedoch die größte Erkenntnis liegt in den Worten: Schönheit ist kein Zufall.

Alles in allem ist ein beachtenswerter Trend zu vermerken, sich der eigenen Wertigkeit bewusster zu werden.

Ein schönes Hautgefühl
wünscht Ihnen
Undine Wolfram
Kosmetikerin und Haut-Therapeutin

Es sind immer nur die anderen

Es sind immer nur die anderen, die ewig jung und schön aussehen wollen. Wir möchten eigentlich nur gut und natürlich erscheinen. Oder darf es ein bisschen mehr sein? Auch manch Prominente verweist auf Wasser und Seife bezüglich der Frage, warum ihre Haut mit den Jahren – und insbesondere in der letzten Zeit - immer straffer wird. Die Zuschauerinnen indes bekommen den Eindruck, sie legt sich täglich unters Bügeleisen.

12

Fast jede von uns kennt die Momente, in denen man sich dem Spiegel anvertraut. Dann entdeckt Frau staunend die dort so plötzlich sichtbar sprießenden Barthaare im Oberlippen- und Kinnbereich. Und hat es noch für die Wangen gereicht, zweifeln wir am Thema Hormone. Oder ist es doch das Alter? Nein, natürlich sind die Gene verantwortlich!

Von nichts hat fast jeder keine Ahnung, aber gesagt wird's von vielen, denn einer oder irgendetwas muss schuld sein. Die Mitesser werden leider nicht jünger, genauso wenig wie die Kommissuren. Welche nunmehr Fältchen oder – sagen wir es doch, wie es ist – Falten sind! Selbst der Vergrößerungsspiegel wird einem mit zunehmendem Alter unsympathisch. Es wäre doch wohl durchaus angebracht, wenn dieser auch einmal Rücksicht auf unsere Gefühlsschwankungen nehmen könnte. Wir haben an leidigen Tagen längst den so ungünstig positionierten Pickel oder die Falte entdeckt. Der Gegensatz sieht anders aus. In Zeiten, an denen es uns richtig gut geht, sitzt selbst das Haar perfekt. Wir wären, im wahrsten Sinne, „glatt" für die Werbung einsetzbar. Die Haut ist im Einklang und verschont uns von Pickeln und Entzündungen – was eine Vielzahl von Komplimenten mit sich bringt. Und dabei wird zusätzlich unser Inneres gestärkt.

Wir negieren nicht, dass uns an guten Tagen alles leicht fällt, selbst das Gutaussehen.

Leider kreuzen auch schlechte Zeiten unseren Lebensweg.

Meist stellen wir dann erschreckt fest, dass Haut und Haare dringend einen Werkstattcheck benötigen. Wir zweifeln an mancher Creme, welche wir mit Sorgfalt ausgewählt sowie anschließend gekauft hatten. Das Hautbild sollte doch sichtbar besser aussehen, nachdem wir gepeelt, gecremt und geölt haben. Schließlich hatte die Werbung ein porentiefes Ergebnis versprochen. Frauen sind wie Hilde

Hilde und das cremige Männererlebnis

Was Hilde beim Kaufen des exklusiv anmutenden Cremetöpfchens erlebt hat, kennen wir. Da wir, genau wie besagte Hilde, zu manchem Zeitpunkt Inhalte außer Acht lassen. Oft bleibt uns nichts anderes übrig, als den Versprechungen zu vertrauen. Hilde ist Mitte 40. Der vor kurzem begangene Geburtstag hinterließ in ihr einen schalen Nachgeschmack. Was nicht an den Gästen lag oder der Lokalität, in der ihr altes Lebensjahr verabschiedet und das neue feierlich begrüßt wurde. Auch nicht an der Zahl 46. Nein, sie bekam Schwierigkeiten, sobald ihr Spiegelbild den Zustand ihrer Haut zutage brachte. Vielleicht hatte die Zahl auf der Torte doch ihre Sensibilität geschärft und sie veranlasst, sich der Optik mehr anzunehmen. Erschrocken stellte Hilde fest, dass so manche Falte nichts mehr mit Weisheit und Würde zu tun hatte, sondern schlichtweg mit Alter. Hilde war klar: Es musste gehandelt werden – und zwar sofort!

Da kam ihr der attraktive Mann im edlen Luxuskaufhaus gerade recht. Er lächelte sie mit strahlend weißen Zähnen an. Aufgrund seiner Jugend selbstverständlich bei tadellosester Haut, die, wie er Hilde geradezu schnurrend versicherte, nur durch diese Creme so feinporig wie ein Babypopo wurde. Vor Hildes bildlichem Auge sah sie die pfirsichweiche Haut eines Säuglings. Noch bevor sie Zweifeln an dem Vergleich mit ihrem Teint nachgehen konnte, hielt der dynamische Verkäufer ihr das Cremchen schon unter die Nase. Hilde stockte der Atem. Sie glaubte für einen kurzen Moment, die Besinnung zu verlieren. Der Duft war grandios. Nein, mehr als das, er war unbeschreiblich … und schrie danach, noch mal beschnuppert zu werden. Das tat Hilde auch sogleich, kaum mehr zurechnungsfähig. Dieser Duft musste ihre Haut zieren. Da es sich um eine Gesichtscreme handelte! Wie durch einen Nebel im Morgentau hörte sie die Worte Anti-Aging, Wundermittel und ab morgen mindestens 5 und bald schon 10 Jahre jünger. Aber selbstverständlich und ausschließlich nur mit dieser betörenden Exklusivcreme, die mit € 230 geradezu ein Geschenk sei. Hilde hörte sehr wohl den nicht preiswerten Betrag. Sie nahm auch das Rufen der inneren Stimme, die sie warnte, aus weiter Ferne wahr. Aber sie wurde – vorerst sprichwörtlich - glattgebügelt vom lieblichen Gesang des so gut aussehenden jungen Mannes. Halb zog es sie, halb sank sie hin. Er hatte recht, als seine Bemerkung darauf

hinauslief, dass mancher Ehemann mehr für eine Autopolitur ausgebe als für den Blumenstrauß der Gattin. Hilde schniefte, innerlich etwas pikiert. Ja, das stimmte. Der Verkäufer wurde ihr immer sympathischer. Lange ist es her, dass Manfred seiner Hilde einen Blumenstrauß mitgebracht hatte, wäre er auch nur von der Tanke gewesen, bei der er seine Politur bezog. „Ich nehme die Creme. Und vielen herzlichen Dank."
Zu Hause angekommen wirkte die gute Laune beim Auspacken des so überdurchschnittlich schönen Artikels immer noch nach. Mit Eifer trug Hilde die Creme auf ihre müde Haut auf. Der Duft erinnerte sie unversehens an den gut aussehenden Verkäufer. Dieser breitete sich im gesamten Badezimmer aus – nur der Duft, wie sie heimlich bedauerte. Sie war trotzdem überwältigt. Vor ihrem inneren Auge sah sie einen traumhaften Abend auf sich und ihren geneigten Gatten zukommen. Sie würde überdurchschnittlich gut schnuppernd in ihrem Lieblingslokal sitzen, und Manfred, berauscht vom neuen Duft und seiner 10 Jahre jüngeren Gattin, außergewöhnlich charmant und aufmerksam sein. Nach kurzer Zeit jedoch stellte sich auf Hildes Haut ein leichtes Spannen ein - was nach circa einer halben Stunde in ein heftiges Brennen überging. Der Blick in den Spiegel verhieß nichts Gutes. Weite Teile des Gesichtes waren stark gerötet und warfen kleine Bläschen. Sie griff nach dem Wasserhahn, um ihrer Haut schnell Linderung zu verschaffen. Waren es die künstlichen Duftstoffe oder die

harten Konservierer, die auf Hildes eh schon mitgenommener Haut ihre Spuren hinterlassen hatten? Vermutlich beide. In Ihrer Not erinnerte sie sich an das Hausrezept und gleichzeitig Wundermittel ihrer Mutter, nämlich den altbewährten Apfelessig. Auf einem Wattepad, leicht mit Wasser verdünnt, kühlt er die Haut. Des Weiteren wirkt er sehr stark entzündungshemmend. Und genau das war jetzt auch notwendig. Vorsichtig tupfte sie ihr gesamtes Gesicht damit ein. Sie verspürte sofortige Linderung. Endlich.

Apfelessig – das unterschätzte Wundermittel

Apfelessig ist seit Jahrhunderten ein grandioses Heilmittel für innen und außen. Die Kraft der Inhaltsstoffe, die ein Apfel mit sich bringt, ist überwältigend.

Es finden sich Enzyme, Mineralien und Vitamine in beeindruckender Zahl darin. Es ist bis heute nicht erklärbar, wie solch ein kleines rundes Etwas so viel Power in sich bergen kann. Tatsache ist, dass Apfelessig ein reines und natürliches Hautpflegemittel ist. Er hat eine äußerst positive Wirkung auf den Säuremantel der Haut und wirkt antibakteriell sowie entzündungshemmend.

Tipp: Wenn Sie unter Entzündungen, Herpesbläschen oder blauen Flecken leiden, können Sie Bio-Apfelessig mit Hilfe eines Wattepads tagsüber wiederholt (morgens und abends – wenn möglich, zusätzlich zwischendurch) auf die entsprechende Hautstelle auftragen. Sie werden sehen, wie schnell die Haut zu heilen beginnt. Blaue Flecke verschwinden in rasanter Zeit. Auch die Abheilung von Schürfwunden beschleunigt sich. Bei Halsschmerzen hat sich das Gurgeln mit Apfelessig und Wasser bewährt. Sie werden sehen, wie rasch – nach einem kurzen Brennen – Linderung und Besserung einsetzen. Danach Zähne putzen und nochmaliges gründliches Spülen mit Wasser, damit der Zahnschmelz gesichert ist. Selbst als Getränk ist Apfelessig hervorragend einsetzbar und bietet zudem Hilfe bei Verdauungs- und Stoffwechselstörungen. Außerdem senkt er den Cholesterinspiegel und fördert die Gewichtsabnahme. Bei Erkältungen erleichtert er das Abhusten. Wer unter Schuppen leidet, kann diesen mit Apfelessiganwendungen entgegenwirken. Zusätzlich verstärkt man dabei den Haarglanz. Eventuell ist der Geruch für manch einen störend. Sie werden jedoch erleben, dass sich dieser verflüchtigt. Wer mit diesem natürlichen, hochwirksamen Heilungsmittel arbeitet, wird sich bald belohnt sehen.

Wir haben im Gesicht Bereiche, die aufgrund bestimmter Merkmale schneller zur Faltenbildung neigen als andere. Diese können Sie mit Bio-Apfelessig behandeln, denn er weist eine adstringierende (zusammenziehende) Wirkung auf. Die Anwendung erstreckt sich auf die Hinzunahme eines Wattepads, welches Sie mit Wasser leicht befeuchten können, um anschließend den Apfelessig darauf aufzutragen. Oder Sie tränken ein Wattepad allein mit Bio-

Apfelessig, um dann die entsprechenden Hautpartien zu behandeln. Lassen Sie die Lösung ruhig einziehen.

Wie in der Naturheilkunde immer wieder zu beachten ist, sollten Anwendungen regelmäßig durchgeführt werden. Damit ist gewährleistet, dass Naturprodukte zu ihrer vollen Entfaltung kommen. Auch kann es nach dem Auftragen zu leichten oder stärkeren Rötungen kommen. Diese sind nicht mit Entzündungen gleichzusetzen. Hiermit zeigt Ihre Haut eher die wichtige Entschlackung an. Nach ca. 20 Minuten hat sie in der Regel wieder ihren natürlichen Farbton angenommen, ist optisch allerdings besser durchblutet und somit für Ihr Bindegewebe, das alles stützt und hält, ein wichtiger und hilfreicher Nährstoff. Ratsam ist, diese Anwendung zumindest ins abendliche Hautpflegeprogramm zu integrieren.

Deodorantersatz

Wussten Sie, dass Bio-Apfelessig ein hervorragender Deo-Ersatz ist? Wo so manch einer früh morgens die kleinen, aber massiven Chemiebomben auf die Achselhöhlen sprüht, haben Sie die Möglichkeit, es rundherum gesünder anzugehen. Es mag im ersten Moment befremdlich anmuten, da wir das tägliche Sprühen von fragwürdigen Duftstoffen buchstäblich so inhaliert haben, dass diese Prozeduren uns schon in Fleisch und Blut übergegangen sind. Mit erwähntem Bio-Apfelessig gehen Sie sicher, den gesündesten Ersatz für Ihr Lymphsystem gefunden zu haben. Der Essiggeruch lässt nach kurzer Zeit nach, aber Sie sind für den Tag geschützt. Und zudem noch auf gesunde Weise. Denn wir wissen aus umfangreichen Studien, dass die Anzahl der Krebserkrankungen (insbesondere bei Frauen) im Bereich der Achselhöhlen hoch ist. Einige meiner Kundinnen, die eine Krebserkrankung in diesem Bereich hinter sich haben, berichten, dass selbst Schulmediziner von dem Gebrauch diverser Deodorants in Region der Achseln abraten. Wir lieben schöne Düfte, so viel steht fest. Was ist also dagegen einzuwenden, wenn wir diese dann sicherheitshalber ausschließlich auf die Kleidung sprühen, sodass wir gut „duftend" durch die Welt schreiten können. Auch wenn uns bewusst ist, dass die Nase das eine oder andere Mal zu kämpfen hat, wenn wir aufdringliche künstliche Eau de Toilette um uns riechen müssen, ist das immer noch besser als der deftige Schweißgeruch des Kunden vor uns an der Supermarktkasse, welcher uns wohl verraten soll, dass dieser Seife und den Wasserhahn bewusst meidet. Hätte der nicht zwei Kunden hinter uns stehen können? Nein, direkt vor uns. Außerdem stehen wir mal wieder an der Kasse, bei welcher es am längsten dauert, sodass meine Brillengläser von den Ausdünstungen des Vordermannes schon zu beschlagen scheinen. Oder trübt der Gestank einfach nur meine Optik? Das Leben kann manchmal hart sein.

Fragen Sie sich auch des Öfteren, warum wir selten über

grandiose Naturstoffe aufgeklärt werden? Ich kam bei meinen Recherchen nicht drumherum, feststellen zu müssen, dass Großkonzerne erst mit gesünderen Alternativen (wie z. B. aluminiumfreie Deodorants oder Stevia als Zuckerersatz) reagieren, wenn die Masse bereits im Wandel begriffen ist – meist angeregt bzw. aufgeklärt durch die Biobranche, die auch ihren Gewinn machen will und muss, aber dem Begriff Bio verpflichtet ist. Das kommt uns Verbrauchern zugute.

Stevia

Naschen Sie gern einmal? Oder auch mal mehr?

Kleiner Tipp: Achten Sie darauf, dass auf dem jeweiligen Produkt nicht „Stevia-Ersatz" draufsteht, sondern wirklich Stevia drin ist. Stevia ist ein hervorragender Zucker mit null Kalorien, der außerdem kein Karies verursacht. Ersteres ist für uns Frauen perfekt, egal ob für die Bikinifigur oder bei weihnachtlichen Naschereien.

Das Geheimnis wahrer Schönheit

Kaum ein Thema begleitet uns - ob bewusst oder unbewusst – so lebenslang wie unser Aussehen. Denn gutes Aussehen steht für Gesundheit und Vitalität. Beide sind wünschenswert. Frau und Mann fragen sich mit zunehmendem Alter aber, um welchen Preis. Und wie ist das auf gesunde Weise realisierbar?

Sollte es zutreffen, dass der Mensch tatsächlich so einfach

gestrickt ist, und eine Formel darüber entscheidet, was wir als schön oder hässlich befinden?

Selten sind Gefühle so berechenbar wie im Hinblick auf Schönheit. Diesen Umstand machen sich Chirurgen zunutze, da bei ästhetisch operativen Eingriffen in Anlehnung an diese Formel – 1 x 1,618 gearbeitet wird. Jedoch ist diese keine neuzeitliche Erfindung. Bereits 300 v. Chr. hat Euklid - ein griechischer Mathematiker - den sogenannten goldenen Schnitt beschrieben. Besonders in der Kunst und Architektur wird 1 x 1,618 oft als ideale Proportion und Inbegriff von Schönheit und Harmonie angegeben. Beeindruckend ist, dass diese Formel auch in der gesamten Natur wiederzufinden ist. Sie spiegelt sich in jedem Kristall, jeder Blüte und jedem Tier wider. Auch Leonardo da Vinci wusste über die Wichtigkeit der Proportionslehre. Fast alle kennen seine berühmte Zeichnung »Der vitruvianische Mensch«, die um 1490 entstand. Sie zeigt das ideale Verhältnis der Körperteile zueinander. Allerdings gehen diese Berechnungen auf die Aufzeichnungen des Architekten Vitruvius zurück.

Wir erkennen, dass das Thema Schönheit bereits über eine sehr lange Zeit Menschen bewegt.

SCHÖNHEIT ist wie eine DROGE

Was wird im Gehirn eines Menschen angeregt, wenn wir auf Schönes treffen? Aus Studien wissen wir, dass der

Anblick von schönen Menschen und Dingen uns augenblicklich in angenehmste Gefühle versetzt. Dabei wird das Belohnungszentrum im Gehirn aktiviert. Aufgrund dessen erfolgt die Ausschüttung von Glücksbotenstoffen. Hierbei sind dieselben Hirnregionen zuständig wie bei leckeren Speisen, Sex oder Drogen. Und da wundert sich Frau, warum sie den überheblichen, unqualifizierten und tratschenden, aber gutaussehenden Kollegen trotzdem mag. Bemerkenswert ist, dass laut Studie (*) bei Männern die Ausschüttung der Botenstoffe genauso hoch oder sogar noch höher liegt, wenn diese auf einen außergewöhnlich schönen Sportwagen treffen. Der Anblick des Automobils haucht manchem, schon für emotional tot befunden Gatten wieder Leben in die Augen ein. Frauen können sich entspannen, da es keinen Sinn macht, sich in Konkurrenz zu geformten Blechteilen auf 4 Rädern zu stellen. Diverse Studien glauben bewiesen zu haben, dass mancher Mann die Form eines Automobils mit der einer weiblichen Figur in Verbindung bringt. Sie sollten sich eventuell überlegen, was für ein Auto sie das nächste Mal kaufen.

Denken Sie, dass wir so gestrickt sind, dass eine Formel ausreicht, darüber zu entscheiden, ob wir ihn oder sie als überdurchschnittlich attraktiv empfinden? Wir glauben an der Optik zu erkennen, wie schön die Seele eines Menschen ist. Wie sollte es auch anders funktionieren, als uns am Außen buchstäblich festzuhalten. Zumindest ist es den wenigsten vermittelt worden, sich hin einzufühlen hinter geschminkte, gestraffte, gespritzte und vor allem aufgesetzte Fassade.

Besseres Aussehen - bessere Chancen

Die Universität Lüneburg vertritt die These, dass gutes Aussehen nicht nur die Chancen beim anderen Geschlecht erhöhen, auch im Job und Beruf sind schöne Menschen im Vorteil. Weiter zeigt die Untersuchung, dass attraktive Frauen und Männer im Schnitt wesentlich mehr verdienen als ihre unansehnlichen Kollegen. Für die Analyse der Daten wurde sich eines Punktesystems von 1 bis 11 bedient, und die Daten wurden in Beziehung zueinander gesetzt – mit einem erstaunlich deutlichen Ergebnis: Bereits ein einziger Attraktivitätspunkt mehr erhöht die Beschäftigungswahrscheinlichkeit im Schnitt um drei Prozentpunkte. Das erscheint uns nicht viel. Jedoch ist zu erkennen, dass unser Äußeres unbewusst für andere Menschen Entscheidungen beeinflusst, indem diejenigen Bewerber/-innen den „Zuschlag" bekommen, deren Proportionen dem Schönheitsideal nahekommen oder entsprechen.

Der Widerspruch im Widerspruch.
Schönheit kann hinderlich sein

Laut einer weiteren Studie bringt überdurchschnittliche Attraktivität der Frau keinen Vorteil, wenn sie den Karriereaufstieg in ihrem schönen Blickwinkel hat. Die Studie belegt, dass insbesondere Personalchefs – ob bewusst oder unbewusst – mit Vorurteilen zu kämpfen haben. Schönere Bewerberinnen haben schlechtere Chancen, auf der Karriereleiter emporzusteigen. Weiter wird festgestellt, dass überdurchschnittlich schöne Menschen nicht mehr Selbstvertrauen haben als jene, die aus dem Schönheitsraster herausfallen. Frauen, die sich für attraktiv halten, obwohl sie dies nach gängiger Schönheitsformel gar nicht sind, besitzen ein ausgeprägtes Selbstbewusstsein. Ob Letzteres tatsächlich begründet ist, bleibt fraglich. Die erwähnte Studie bestätigt jedoch sehr wohl, wenn auch nicht auf den ersten Blick, dass das Äußere von Frau und Mann Einfluss auf die Umwelt hat. Denn wenn angeblich nicht so attraktive Frauen eher die Karriere nach oben anstreben und es ihnen seitens der Personalchefs und Kolleginnen leichter gemacht wird, scheint Schönheit bei Mitmenschen zumindest latent etwas auszulösen. Das Spektrum reicht von Bewunderung bis Neid.

Echt oder unecht - das ist hier die Frage!

Eine Studie der Universität Regensburg belegt, wie berechenbar Schönheit ist und vor allem, dass wir Kunstgesichter lieben. Somit kommt das ideale Gesicht aus dem Computer - was sich die Werbung schon lange zunutze macht. Wir scheinen nicht wahr haben zu wollen, wie einfach der Mensch tickt. Es gibt eine latente Sehnsucht, nicht nur nach äußeren Kriterien geliebt zu werden, sondern unsere Seele braucht sie, nämlich Zuspruch und Liebe.

Aber eines steht außer Frage: dass Optik uns letztendlich ein Leben lang begleitet, sicherlich in der einen oder anderen „Hinsicht".

DIE STUTENBISSIGKEIT

Wir können uns jetzt die Frage stellen, ob es tatsächlich immer am Personalchef liegt oder ob es schönen Frauen an sich von Frauen im täglichen Allerlei auch schwerer gemacht wird als dem schönen Kollegen. Laut einer internationalen Untersuchung könnte es das Phänomen der sogenannten Stutenbissigkeit wirklich geben. Diese belegt, dass sexuelle Konkurrenz im Job größeren Einfluss auf die weiblichen als auf die männlichen Kollegen hat. Es grenzt an Wahnsinn, dass die meisten Frauen schön sein wollen und gleichzeitig anderen Geschlechtsgenossinnen Konkurrenz- und Neidgefühle entgegenbringen. Es ist auch an einer der besten Märchenverfilmungen „Drei Haselnüsse für Aschenbrödel" zu erkennen, dass es wohl doch nur eine Prinzessin geben kann.

FRAU und MANN wollen heimlich

Viele denken im Laufe ihres Lebens über kleine bis große chirurgische Eingriffe nach. (*) So ist die Brustvergrößerung bei Frauen in Deutschland derzeit mit Abstand der beliebteste Eingriff. Die DGÄPC (Deutsche Gesellschaft f. Ästhetisch-Plastische Chirurgie) schätzt die Zahl auf bis zu 20.000 pro Jahr.
Bei Männern steht an erster Stelle die Fettabsaugung. Könnte sein, dass manch eine Frau schmunzeln muss, da wir diese Schlankheitsmaßnahme eher Frauen zusprechen. Jedoch ist das Belächeln der Männerwelt nur von kurzer Dauer, da wir Damen in der Favoritenskala der Eingriffe auf Platz zwei ebenfalls die Fettabsaugung wählen. Hier liegen Frauen und Männer näher als beim Thema Partnerschaft.
Auf den weiteren Plätzen der chirurgischen Eingriffe folgen Lidstraffungen, welche heute fast zur Normalität gehören. Neben Chirurgen bieten auch manche Haut- und Augenärzte Eingriffe im Lidbereich an.
Selbst wenn wir keine Anhänger von operativen Veränderungen im Gesichtsbereich sind, muss man zugeben, dass eine Lidstraffung immense Auswirkung auf den Augenbereich (Orbitalbereich) hat. In den meisten Fällen wirken die Augen größer. Ein weiterer wichtiger Nebeneffekt ist, dass durch die Entfernung des überschüssigen Gewebes dem Augenbereich die sog.

optische Müdigkeit genommen wird. Das Kunststück besteht darin, es so natürlich wie möglich aussehen zu lassen.

Denn wenn das Augenlid nicht mehr richtig schließt, weil einfach zu viel Haut weggeschnitten wurde, ist das nicht nur für den Chirurgen erschreckend, sondern auch die Frau findet permanent offenstehende Augen schlecht. Leider entsprechen solche Ergebnisse den Tatsachen, einige meiner Kundinnen haben es bereits erlebt. Was spricht für Schlupflider? Auf jeden Fall der wunderschöne melancholische Ausdruck – allerdings zumeist nur, wenn mit passendem Augen-Make-up zur Geltung gebracht, was sich diverse Schauspieler/innen zunutze machen. In den Anfangszeiten der Karriere einer Nicole Kidman wurden ihre Schlupflider perfekt in Szene gesetzt.

Manche ästhetisch-chirurgischen Eingriffe sind so gut durchgeführt, dass der Laie diese nicht einmal auf den zweiten Blick feststellt, sodass sich Frau und Mann sicher fühlen können, bei persönlichen Entscheidungen hinsichtlich der Optik per Skalpell nachhelfen zu lassen, ihre Privatsphäre geschützt zu wissen. Somit merkt niemand in der Frauengymnastikgruppe, dass Hilde ihre ehemals hängenden Lider hat straffen lassen. Auch Sybille hält den missgünstigen und zugleich ungläubigen Blicken der Frauen stand, dass ihr Busen einst Körbchen Größe A, jetzt C – echt ist. Recht hat sie. Das Silikon in ihren Brüsten könnte echter nicht sein.

Hyaluron - das kleine Zaubermittel

Wer sich mit dem Gedanken trägt, dem nachlassenden Bindegewebe und damit der Bildung von Falten Einhalt zu gebieten, dem bieten sich gute Alternativen. Diese liegen in Behandlungen bzw. Unterspritzung mit Hyaluron. Im Gegensatz zu Botox ist es nicht giftig. Des Weiteren hat jeder Mensch und jedes Tier Hyaluron in der Haut. Der mit zunehmendem Alter nachlassenden körpereigenen Hyaluronproduktion kann mit der Einhebung dieses verträglichen Füllstoffes in bestimmte Bereiche entgegengewirkt werden. Die entscheidende Frage ist doch, wann bzw. wie kommt es zur Faltenbildung. Der Irrglaube, es liege am Fettverlust, bringt uns hier nicht weiter, denn da kann Frau so viel einfetten, wie sie will, die Falte setzt sich trotzdem durch. Einer der entscheidenden Faktoren ist der Hyaluronverlust. Hyaluronäure ist eine Art Zuckermolekül, ein körpereigener Stoff und wichtiger Bestandteil des Bindegewebes und der Gelenke. Die Moleküle besitzen die einzigartige Fähigkeit, das 600-fache an Wassermolekülen zu speichern. Nebenwirkungen sind so gut wie ausgeschlossen, was diesen Stoff so wertvoll macht. Wussten Sie, dass das menschliche Auge zu 98 % aus Hyaluron besteht? Es ist nicht aus dem menschlichen Körper wegzudenken. Sicherlich ist Ihnen aufgefallen, dass dieser kostbare Stoff auch in Cremes verarbeitet wird. Hier dürfen Sie achtsam sein. Es sollte nämlich tatsächlich Hyaluron enthalten sein, und zwar ein hoher Anteil und kein Minimum. Schauen Sie auf die Deklaration INCI (Inhaltsangabe)! Der jeweilige Mengenanteil der Inhaltsstoffe verhält sich entsprechend der Reihenfolge in der Aufzählung. Dies bedeutet, dass der zuerst aufgeführte in der Creme prozentual am stärksten vertreten ist. Ich erspare Ihnen an dieser Stelle den labortechnischen Teil, muss allerdings darauf hinweisen, dass es gar nicht leicht ist, an eine echte Bio-HYALURON-Creme heranzukommen. Meiner Erfahrungen nach sind diese nicht nur die effektivsten Anti-Falten-Killer, sondern ein echter hoher Anteil an Hyaluron verbessert das gesamte Haut- und Porenbild, es wird in kurzer Zeit viel feinporiger. Auch dass die Hyaluroncremes auf Biobasis meist nur in Creme-Manufakturen erhältlich sind, deckt sich mit meinen Erfahrungen. Es kommt nicht auf unzählige Substanzen in Cremes an. Haut bedarf einer überschaubaren Anzahl von guten Naturstoffen. Wenn eine Inhaltsangabe auf einem Cremeartikel endlos erscheint, sind meistens auch viele synthetische Stoffe bis hin zu nicht gerade harmlosen Konservierern beigefügt. Neben den geringen Kosten für den produzierenden Konzern – die Inhaltsstoffe machen gerade einmal 1 % aus – ist gewährleistet, dass die Creme Jahre hält. Das ist allerdings gerade das Besondere an reinen Naturcremes oder noch besser handgerührten wie in einer Manufaktur:

Wertvolle Bioinhaltsstoffe weisen bei falscher Behandlung schnell negative Spuren auf. Ein reines Naturprodukt wird optisch aufzeigen, dass es anders behandelt werden muss, um Ihnen all das zu geben, was Ihre Hautzellen brauchen. Es möchte z. B. trocken stehen. Und nicht zu warm. Aber bitte auch nicht der Kühlschrank. Für Naturstoffe ist normale Raumtemperatur vollkommen ausreichend. Wenn möglich, ist es angebracht, bei der Entnahme von Bio-Creme einen sauberen Spatel oder ein Wattestäbchen zu benutzen. Sie werden sehen, Ihr außergewöhnliches Produkt bleibt mindestens ein viertel Jahr oder länger haltbar. Hochwertige Bio-Tönungscremes sogar bis zu einem Jahr. Wenn es Ihr Hautzustand zulässt, reicht es vollkommen aus, die Bio-Tönungscreme morgens ohne eine zusätzliche Creme aufzutragen. Mit einer hochwertigen Bio-Hautcreme für die Anti-Age-Behandlung kommen Sie zwischen 2 und 3 Monate aus, je nach Ihrem Hautzustand und -bedürfnis – welche auch jahreszeitbedingt schwanken können. Das ist auch okay. Haut ist lebendig. Und bitte sparen Sie nicht an Ihrem Gesicht. Das darf der Gatte bei der nächsten Autopolitur tun.

Werbeversprechen

Glauben Sie mir, wir sind derartig von Werbung geprägt,

dass wir so manches Mal weit davon entfernt sind, zu erkennen, wie eine Creme wirklich beschaffen sein muss, um der Haut 100-prozentig gerecht zu werden und für unseren Körper tatsächlich gesund zu sein. Wer allerdings auf echte Cremes trifft, wird diese nicht mehr gegen künstliche eintauschen wollen.

Wer ist das?

Kennen Sie das, wenn Prominente oder jene, die sich dafür halten, optisch stark verändert in den Medien erscheinen, wir allerdings nicht sofort zu erfassen vermögen, was konkret anders ist? Nun gut, es gibt auch Beispiele, bei denen selbst der größte Laie begreift: Hier hat der 70-jährige, faltenfreie Schlagersänger die Gravitation außer Kraft gesetzt – und einen chirurgischen Eingriff machen lassen. Die Betonung liegt auf machen. Vielleicht wäre es ratsamer gewesen, es gleich selbst mit dem Küchenmesser zu versuchen. Denn manches Ergebnis chirurgischer Eingriffe scheint eher Unfall als Medizinkunst zu sein.

Botox

Sie haben sicher schon mal von Botox gehört und unter

Umständen auch das eine oder andere merkwürdige Gesicht gesehen, dem man solch einen Eingriff (begründeter weise) nachsagte. Wir lassen es dabei, denn es bleibt bei der berechtigten Frage: Was ist BOTOX (Botulinumtoxin), über das viele reden und welches sich etliche spritzen lassen – mit Sicherheit ohne die Deklaration (Inhaltsstoffangabe) zu lesen? Toxin steht für Gift. Und genau das ist es nun einmal auch. Die Medienpräsenz der mit Botox zu gespritzten Gesichter nimmt kontinuierlich zu. Der harte Kampf um ewige Jugend hat längst schon Dimensionen angenommen, dass selbst unsere Oma sich beim Beschauen ihrer schönen Moderatorin fragt, ob es wirklich sein kann, dass die nette und so adrette Dame immer jünger, sie dagegen täglich älter wird. „Zumal die mal etwas essen muss, sonst fällt die bald aus allen Latschen“, wie Oma fürsorglich hinzufügt. Ja, das dort auf dem Bildschirm wandelnde Knochengerüst hat wirklich wenig Bindegewebe zu bieten. Aber im Gesicht ist es sowas von glatt, dass auch wir befürchten müssen, die Dame erkennt sich irgendwann selbst nicht mehr. Dennoch und außerdem passen das Gestraffte und Gebügelte sowie das Gezogene und Gespritzte nicht wirklich in das Gesicht, da wir uns bei diesem Anblick des unguten Gefühls nicht erwehren können, dass der Blick der Augen viel älter ist als das unechte Hautbild. „Legt die sich nach der Sendung in den Kühlschrank“, fragt Oma kopfschüttelnd, „oder ist das dieses Zeug … Botox?“

Botox-Studie: Die Anwendung von Botox klingt erst einmal einfach. Die Substanz wird extrem verdünnt mit feinster Nadel bzw. Kanüle in die Unterhaut eingespritzt. Durch die Injektion von Botox kommt es durch die Blockade der mimischen Muskeln zu einer Reduktion von Gesichtsfalten. Circa drei bis sechs Monate hält die Wirkung einer Anwendung an. Ursprünglich wurde das Mittel im medizinischen Bereich zur Lösung von Muskelverkrampfungen – wie etwa Schluckstörungen oder spastischen Lähmungen – eingesetzt. Genau vor diesen Behandlungen indes warnt jetzt die amerikanische Gesundheitsbehörde FDA. Spastisch gelähmte Kinder, die mit Botox behandelt wurden, sind nach Informationen der FDA zu Tode gekommen, da sich das Medikament auch auf andere Körperteile ausgebreitet haben dürfte. Eine genaue Angabe über die Zahl der verstorbenen Kinder wurde nicht veröffentlicht. Allerdings mahnt die Gesundheitsbehörde zur Vorsicht bis weitere Ergebnisse bekannt sind.

Botox – tödliche Gefahr? Fraglich ist, ob Nebenwirkungen des Einsatzes von Botox als Antifaltenmittel bisher ausreichend erforscht worden sind.

Die Ratte Erwin

Erwin, die Ratte, lebte im schönen Italien. Allerdings in einem Versuchslabor der Pharmaindustrie. Es ging ihm den Umständen entsprechend gut. Er wurde regelmäßig ausreichend gefüttert, wohnte in einem Familiengefüge und ab und zu bekam er sogar kleine Streicheleinheiten von dem tagsüber dort lebenden Zweibeiner, dem Menschen. Erwin war frisch verliebt. Schon seit geraumer Zeit turtelte er heftig mit seiner Auserwählten. Das änderte sich an dem Tag, als Erwin für Versuchszwecke Botox gespritzt bekam, schlagartig. Man wollte der wichtigen Frage nachgehen, ob Botox tatsächlich an der Stelle verbleibt, an welcher man das Gift spritzte. Die Versuchsreihe sollte Aufklärung darüber bringen, ob Botox beim Einsatz für die angeblich ewige Jugend nebenwirkungsfrei einsetzbar ist. Bei Erwin war festzustellen, dass das injizierte Botox , sich im gesamten Körper ausbreitete. Es wurde berichtet, dass Erwin nach dem Eingriff soziales Desinteresse aufwies. Weder war er aktiv am Sozialleben beteiligt, noch zeigte er den Wunsch, mit seiner vormals Angebeteten für Familienzuwachs zu sorgen. Aber das sind mündliche Überlieferungen. Keiner kann sagen, ob es tatsächlich so war. Fest steht indes, dass eine aktuelle Studie des Instituto di Neuroscienze in Italien ergeben hat, dass Botox-Injektionen bei Ratten zuvor ungeahnte Folgen mit sich brachten. Wurde bisher angenommen, dass es an der Stelle, an welcher es injiziert wurde, verbleibt, so wurde nun festgestellt, dass sich das Nervengift zumindest bei den Versuchstieren im Gewebe ausbreitete und somit auch in anderen Körperteilen zu finden war. Was das für menschliche Patientinnen bedeutet, so wird behauptet, ist allerdings noch nicht zu sagen. Es wird mitgeteilt, dass der Organismus von Ratten anders funktioniert als der des Menschen, und deshalb können die

Ergebnisse nicht einfach übertragen werden. Es darf allerdings hinterfragt werden, warum zwar Tierversuche gemacht werden, die daraus resultierenden Ergebnisse nach Angaben der Verantwortlichen aber nicht auf Menschen übertragbar sein sollen. Auch die Schweizer Gesundheitsbehörde Swissmedic warnt vor dem Einsatz von Botox. Besonders Anwendungen im Bereich des Halses können zu Schluckstörungen führen; Lähmungen der Atemwege und damit die Gefahr, zu ersticken, wären die Folge.

Gefühlsarmes Gesicht und Ihre Partnerschaft

Eine Untersuchung der Universität Duisburg hat gezeigt, dass die Kommunikation mit anderen Menschen durch Botox negativ beeinflusst wird. Das mit Botulinumtoxin aufgespritzte Gesicht erzeugt – anders als bei einem unbehandelten Gesicht – durch die auftretende Lähmung einzelner Gesichtsbereiche einen unbeteiligteren Eindruck. Die desinteressiert wirkende Mimik bleibt dem anderen Gesprächspartner natürlich nicht verborgen. Die damit verbundenen unangenehmen Eindrücke sind nicht förderlich für den zwischenmenschlichen Bereich zwischen Gesprächspartnern. Erinnert Sie das vielleicht an Ihren Partner, wenn er frühmorgendlich schlürfend die Küche betritt und mehr den Kaffeeautomaten als Sie liebevoll in den Blick nimmt?

Hubert und Esmeralda

Hubert hatte jetzt die Antwort, warum seine Partnerin so abwesend auf ihn wirkte. Wenn er sie beim morgendlichen Kaffee ansah, musste er feststellen, dass Esmeralda sogar bereits Schwierigkeiten beim Cafétrinken hatte. Er nahm an, sich daran gewöhnt zu haben, dass ihr Gesicht alles andere als lebendig wirkte, seit sie mit den vielen Botoxbehandlungen begonnen hatte. Dass es ihr jedes Mal links und rechts aus den Mundwinkeln lief, wenn sie einen Schluck köstlichen Kaffee zu sich nahm, verdarb Hubert die Lust auf seinen Kaffee. Selbst beim Essen verlor sie das eine oder andere Mal größere Brocken, sodass bei diesem Gesabbere sich Hubert nach einiger Zeit eingestehen musste, dass das der Grund war, weshalb er sie seit Wochen nicht mehr in ein schmuckes Lokal ausführte. Er hatte keine guten Erinnerungen an das letzte Dinner, da er die geschockten Blicke, als er mit ihr in seinem Lieblingslokal bei köstlichster Speise und edlem Trank saß, nicht mehr aus seinem Kopf bekam. Esmeralda kam frisch zu gespritzt von ihrem Gynäkologen. Er hatte bei einer Routineuntersuchung das in seinem Schreibtisch befindliche Botox angeboten. Sie war damals ziemlich überrascht, weil es ihr anfangs nicht in den Kopf wollte, dass ein Gynäkologe Gesichtsbehandlungen durchführte. Allerdings hatte der Halbgott in Weiß ihr nur das Beste versprochen. Ja, Esmeralda wollte ewig jung aussehen. Also dann, Herr Doktor, pumpen Sie das Zeug schon rein.

Und wenn es keine Umstände macht, die Lippen gleich mit! Bei der letzten Wunschäußerung zuckte er merklich zusammen. Aber da er so überzeugend lächelte, vertraute sie ihrem Doc in seinem reinweißen Kittel gleich das gesamte Gesicht an. Und in der Tat, nach der ersten Botoxspritzung sah sie viel entspannter und jünger aus. Allerdings merkte sie nach 4 Jahren, dass ihr Gatte recht hatte, wenn er ab und zu fragte, ob sie Probleme mit der Haut habe. Ihr war seit längerem aufgefallen, das die Haut aufgequollen wirkte. Zusätzlich hatte sich das Porenbild verschlechtert – was Esmeralda nachdenklich stimmte, da von ihrer einstmals so feinporigen Haut rein gar nichts mehr zu sehen war. Auch dass ihr neben dem Essen ebenfalls das Küssen schwerfiel, wollte sie lieber ignorieren. Aber die Silikontamponagen in ihrem Lippenbereich fühlten sich an wie nach einer Zahnarztbehandlung unter lokaler Betäubung. Hoffnung legte sie in einen Termin bei einer Praxis für Biokosmetik, welche sich auf eine derartige Problemhaut spezialisiert hatte, und diverse Hautbehandlungen. Und das, laut ihrer Bekannten, mit vielversprechenden Ergebnissen.

Die verpasste Chance fühlen zu können

Das Klinikum rechts der Isar beschäftigte sich intensiv mit dem Einfluss des Gesichtes auf unsere Emotionen. Die Wissenschaftler um Dr. Haslinger untersuchten erstmals mittels funktioneller Magnet-Resonanz-Tomographie (fMRT), wie die Gehirnaktivität beeinflusst wird, wenn das sensorische Feedback bei der Ausführung emotionaler Gesichtsausdrücke reduziert wird. Dazu betäubten sie mittels einer Behandlung der "Zornesfalten" mit Botox vorübergehend die Gesichtsmuskulatur der Versuchsteilnehmer. Die Anwendung des Toxins bewirkte nicht nur, dass die emotionale Mimik weniger ausgeprägt war, sondern führte gleichzeitig zu einer Abnahme der Gehirnaktivität im Bereich emotionsverarbeitender Hirnregionen wie der linken Amygdala.

Sollte die Mehrzahl auf Grund des Spritzens von Botox mit einer betäubten Amygdala herumlaufen, würde das eventuell bedeuten, dass die Emotionen und damit verbundenen Gefühle teilweise blockiert oder beeinträchtigt sein können. Der zwischenmenschliche Bereich, welcher ohnedies das eine oder andere Mal zu kurz kommt, wäre zusätzlich verkümmert.

Was ist drin in ihrer Creme?

Die entscheidende Frage ist doch: Was braucht die Haut, um gesund gut auszusehen? Viele wissen, dass keine Silikone, Parfumstoffe, Synthetika, Mineralöle, Parabene und kein Aluminium enthalten sein sollen, da erwähnte Stoffe von Gesundheitsförderlichkeit so weit entfernt sind wie die Erde vom Saturn.

Besteht Ihre Creme diese Prüfung? Und wissen Sie genauestens Bescheid, was wirklich darin enthalten ist? Wir schließen ja auch keine Versicherungsverträge oder Hausfinanzierungen ab und kennen die Vertragsinhalte nicht. Oder doch? Der Vergleich zwischen Inhaltsstoffangaben auf diversen Hautmittelchen ist berechtigt. Wir tun uns nachvollziehbarerweise schwer, hinter allem zu erkennen, was so drin steckt. Wir sind es leid, in allen Bereichen Fachfrau oder -mann sein zu müssen, um gut und gesund durchs Leben zu kommen.

Das Gleiche gilt für die Frage, wo z. B. die gekauften Kleidungsstücke oder die teuer erworbene Handtasche hergestellt wurden. Ich ertappe mich auch dabei, an der Kasse nicht nachgefragt zu haben.

Es ist verständlich, dass wir beim Kauf meistens nach der Optik des Cremeartikels entscheiden. Gerade, wenn ein Mensch nicht täglich mit dem Thema Haut bzw. Inhaltsstoffe in Pflegemitteln in Berührung kommt. Gut muss das Cremetöpfchen aussehen, und bitte an dem einen oder anderen Verkaufstresen auch teuer sein. Wir wissen bereits, dass Konzerne ganz im Gegensatz zu Werbung und Verpackung nur 1% Prozent in Cremes investieren. Falls der Artikel allerdings so prachtvoll aussieht, dass es uns den Atem raubt, verschmerzen wir diese Wahrheit. Ab und zu braucht jeder mal das Gefühl von Luxus. Außerdem war's ein **Frustkauf.** Ach, meine Damen, das kennen wir doch alle. Frusteinkäufe sind so bittersüß und wunderschön, wenn das lang gesuchte Kleidungsstück dabei ist.

Oder noch besser, die ersehnten **Schuhe**! Welche dieses Mal sogar auch noch passen und nicht eine oder mehrere Nummern zu klein sind.

Schön sehen sie aus, und die eigene Stimmung ist nicht minder verzückt. Wir verzeihen der Welt, der grantigen Schwiegermutter, dem launischen Chef, dem fiesen Kollegen, der neidischen Nachbarin. Heute stört uns selbst die Hundekacke auf dem Bordstein nicht. Die Schuhe sind ja noch im Karton.

Die Haut der Handtasche

Ich sitze in einem Luxus nahekommenden Restaurant - zwar mit gehobenen Preisen und wunderschönem Ausblick auf den direkt angrenzenden See, aber unfreundlichen Kellnern. Was mich heute aber weniger stört. Es fällt auf, dass das Leder der Designerhandtaschen einiger Damen glatter aussieht als die Gesichtshaut dieser Frauen. Sie argumentieren nun eventuell, dass das Leder der Luxustragetaschen auch gespannt, gestrafft und mit passenden Nähten zu gezurrt ist. Aber, meine süßen Leserinnen, das sind einige dieser Damen hier auch. Doch die Gesichter sind trotzdem weit davon entfernt, prall, frisch und jung auszusehen. Es ist zu erkennen, dass der eine und andere zu heftige Gesichtseingriff vorgenommen worden ist. Manch einer muss sich bei einem solchen

Anblick am Wein- oder Bierglas festhalten. Nicht immer ist so etwas leicht zu verkraften.

Ich frage mich wieder einmal, wie das sein kann – obwohl teuer gecremt, geölt und gespritzt und selbstverständlich nur mit ausgewählten Speisen ohne Fett, Sahne und Süßes. Und ohne Sinnlichkeit sowieso.

Frau von Welt genießt heute Abend Bio-Lachs an Biogemüse und dazu Bio-Wein. Auf den zu gespritzten Gesichtern jedoch findet sich selten Bio. Aber wer will, der soll oder auch nicht, und Sie wissen ja, die Rechnung kommt immer zum Schluss.

Ich vertrete die Meinung, Botox macht die Haut mit den Jahren nicht jünger. Das ist nur der Anfangseffekt dieses Giftes. Sie können mich auf dem Weg meiner Erkenntnisse begleiten. Das Gesicht sieht nach einer Botoxunterspritzung erst einmal gestraffter aus. Das ist Fakt. Da einzelne Gesichtsbereiche durch das Einheben des Giftes sozusagen gelähmt sind - was einen entspannteren Gesichtsausdruck mit sich bringt. Schauen Sie früh morgens nach einem qualitativ guten Schlaf ihr Spiegelbild an. Der Abend kann schon anders aussehen. Nach einem äußerst anstrengenden Tag jault der Spiegel auf, und wir stimmen gleich mit ein. Der gesamte Stress ist uns buchstäblich ins Gesicht geschrieben. Dass wir in diesen Momenten Zweifel an sogenannten Schönheitswundermitteln verdrängen, ist mehr als nachvollziehbar. Die Erfahrungsberichte ähneln sich insbesondere in der Darstellung des sogenannten aufgequollenen Hautzustandes. Es ist für jedermann begreiflich, warum das Hautbild nicht gesund aussehen kann. Wo Substanzen eingehoben werden, die eine Lähmung erzeugen, kann auch davon ausgegangen werden, dass die Versorgung der einzelnen Hautschichten nicht zu 100 % gewährleistet ist. Zellen, die sich erneuern wollen, werden mehr Arbeit verrichten müssen, um an die Oberfläche zu gelangen. Wenn wir unseren heimischen Pflanzen gesunde Nährstoffe mit der richtigen Menge an Flüssigkeit zufügen, werden wir uns an ihrem Wachstum und ihrer Schönheit erfreuen können. Vergleichbar ist es mit der Haut und deren Aufbau. Die Oberhaut besteht aus 6 Schichten. Die fünfte Schicht namens Basalzellenschicht ist maßgeblich für die Bildung von neuen Hautzellen verantwortlich. Wenn hier unterstützende Substanzen zugeführt werden, kann sich Frau und Mann lange an einer gesunden und gut aussehenden Haut erfreuen.

Wir wissen heute, dass Substanzen, die auf die Haut aufgetragen werden, sehr wohl in die Haut und Matrix einziehen. Wir müssen davon ausgehen, dass in die Haut Eingespritztes sich auch irgendwie verteilen muss. Da fragt sich unsere kluge Oma, ob das gutgehen kann. Außerdem vergewissert sie sich: „Das macht aber der Doktor." Ja, und das sogar im weißen Kittel. Oma spricht dessen Gattin auch jedes Mal mit „Frau Doktor" an, selbst wenn wir darauf hinweisen, dass es sich lediglich um die Gattin des Arztes handelt.

Hilde und Brunhild - eine tiefgehende Freundschaft

Hildes Freundin Brunhild ist schon seit Längerem auf dem sogenannten Öko-Trip. Der Beginn dieser Phase beschränkte sich noch auf eine Ernährungsumstellung, die Hildes wohlbeleibte Freundin vor Jahren ausprobierte. Sie reduzierte die bis zu 3 Tafeln Schokolade am Abend, achtete sorgsam auf frische Bio-Lebensmittel und verbannte das früher so häufig verzehrte Dosenfutter. Hilde konnte an Brunhild eine beachtliche Wandlung verfolgen. So schaffte es ihre Freundin, in einem überschaubaren Zeitraum zu einer schönen fraulichen Figur zu gelangen, und ihr Hautbild verbesserte sich erheblich. Was Brunhild durch Naturcremes unterstützte. Auch hier hatte sie ihre früheren Cremes synthetischer Art gegen hochwertige Biocremes ausgetauscht. Ihr selbstbewusstes und attraktives Äußeres unterstrich zudem die innere Ausstrahlung. Brunhild, angespornt durch sichtbaren Erfolge, besuchte Workshops und Vorträge. Hilde bemerkte allerdings, dass ihre Freundin mit der Zeit nicht mehr die Kurve bekam, was sich in drastischen Schritten äußerte. Seit eines Brennnessel-Workshops im Eso-Vegani-Häusle verbannte Brunhild selbst guten Bio-Rohmilchkäse und hochwertigstes Biofleisch aus ihrer heimischen Küche. Obwohl sie beides sehr liebte. Und selbst Eier mussten daran glauben. Auch Gemüse und Obst waren laut des selbst ernannten Gurus aus dem Seminar nach Eso-Erkenntnissen verboten.

Hilde bekam bei dem Wort »Verbot« ein ungutes Bauchgefühl. Brunhild brauchte länger für diese Erkenntnis. Zunächst durchlief sie eine Zeit voller Tragik. Das Gewicht purzelte zwar noch um einige Kilo, was ihrer Verfassung und der Optik aber gar nicht mehr gut tat. Hilde erkannte, dass Brunhilds einst so wunderschönes Hautbild fad wurde. Rötungen und rissige Haut machten sich auf Gesicht, Händen und Körper breit. Ihr Seminarguru hatte dazu aufgefordert, auch alles Cremige zu verbannen. Luft musste ausreichen. Das Haar verließ der Glanz. Auch ihre Augen. Ihre seelische Verfassung war auf dem Tiefpunkt. Das spiegelte sich in ihrem zänkischen Verhalten wider, sodass Hilde es für ratsam hielt – nach diversen gescheiterten Versuchen, ihrer Freundin die Augen zu öffnen – sich zurückzuziehen. Einige Wochen herrschte Funkstille, bis Brunhild eines Tages bei Hilde durchklingelte. Nach einem langen, tiefgehenden Gespräch lud die Freundin Hilde zum Essen ein, was beide emotional und kulinarisch auf höchstem Niveau bestritten. Brunhilds Haut regenerierte sich schnell, sodass sie erstaunt feststellen konnte, wie dankbar Haut reagiert, wenn ihr wichtige Nährstoffe in Regelmäßigkeit zugeführt werden.

Haut ist tatsächlich ein überdurchschnittlich dankbares Organ. Es regeneriert sich in beeindruckender Art und

Weise. Mit einer Oberfläche von bis zu zwei Quadratmetern und einem Gewicht bis zehn Kilogramm ist die Haut das mit Abstand größte Organ des Menschen. Sie hat vielfältige Funktionen. Wir wissen, dass sie ein Schutzschild zur Außenwelt darstellt. Gleichzeitig fungiert sie als Sinnesorgan und zum Temperaturausgleich.

ZELLEN WOLLEN IMMER WIEDER

Um allen äußeren Einflüssen, denen die Haut ausgesetzt ist, wie Kälte, Trockenheit und Sonneneinstrahlung trotzen zu können, regeneriert sich die Haut permanent. Alte und funktionsuntüchtige Zellen werden gezielt abgebaut und durch neue ersetzt. Eine Möglichkeit, auf Umweltreize zu reagieren, ist der Abbau von Zellen mittels des programmierten Zelltods (Apoptose). Im gesunden Organismus herrscht ein Gleichgewicht zwischen sich teilenden (proliferierenden), spezialisierenden (differenzierenden) und sterbenden Zellen. Diese so genannte Homöostase sorgt dafür, dass die Haut eine konstante Dicke beibehält. Eine verminderte oder erhöhte Apoptoserate, durch pathologische Veränderungen in der Zelle herbeigeführt, spielt daher eine wichtige Rolle bei der Entstehung verschiedener Erkrankungen.

WITZ DES TAGES: WIR LIEBEN FALTEN

Denn Sie wissen ja, wir lieben sie, unsere Falten, die leicht verschuppte Gesichtshaut. Auch die so niedlich aussehenden kleinen bis großen Rötungen auf Wange oder Nasenrücken, welche man auch schon mal als Teleangiektasie bis hin zur Couperose bezeichnet. Ach, wie sieht das alles schön aus. Auch die grauen Haaransätze. Wir Frauen müssen einfach zum Alter stehen, denn es sind halt die inneren Werte, die unser Gatte an uns liebt. Kann mir mal jemand beantworten, warum wir von grauen Schläfen bei Männern schwärmen, jedoch noch nie jemand gesagt hat, wie sexy graue Schläfen an uns Frauen aussehen?

Großkonzerne, Konservierung und BWL

Für Cremeherstellungsfirmen ist das Thema Konservierung von Hautmitteln ein anspruchsvolles. Verbraucherinnen können nicht ahnen, wie schwierig Haltbarkeit und vor allem Belastbarkeit einer Konsistenz zu erhalten sind, wenn diese auf Umstände wie Hitze, Kälte und Bakterien trifft. Selbst Gesetzmäßigkeiten des Fliegens bzw. Höhenunterschieden von bis zu 10.000 Meter soll ein Cremeprodukt standhalten. Echte Naturcremes, d. h. ohne Synthetika sowie gefährliche und gleichsam umstrittene Konservierer, sind sensibel in ihrer Behandlung. Auch die Dauer der Haltbarkeit ist begrenzt und währt nicht so lange wie die große Liebe. Nun denn, in einigen Fällen wohl schon. Auch unser Halbgott in Weiß hat nichts Böses im Sinn, wenn Frau oder Mann auf der Suche nach der ewigen Jugend in seine Praxis kommen, welche samt Angestellten inklusive teurer Apparate sowie Praxismiete bezahlt sein will. Im Zeitalter des Internets ist es für uns alle leichter geworden, an Informationen zu gelangen, die für den Einzelnen wichtig sind. Selbst beim intensiven Einlesen in eine Thematik – hier Botox – stellt man fest, dass unterschiedlichste Meinungen vertreten werden. Das Interview vom

„hochwohlgeborenen" Chefarzt kann auch nicht darüber hinwegtäuschen, dass die Wirtschaftlichkeit eines Unternehmens – in diesem Fall des Krankenhauses – im Vordergrund steht. Hier beginnt bereits der Wahnsinn. Denn wenn das Wort Krankenhaus im wörtlichen Sinne nicht den Vorzug erhält, sondern an dessen Stelle die Betriebswirtschaft gesetzt wird, kann menschlich und seelisch irgendwas nicht richtig laufen. Menschen, die eine solche Auffassung im Berufsleben vertreten, sind von Zahlen rational geblendet. Außerdem kann jeder Einzelne seine Seele dahinter verstecken, die man (bzw. Mann) sowieso nur im trauten Heim zeigen darf, da Unternehmen selten so aufgebaut sind, dass Kollegialität, Respekt und unbequeme Wahrheiten im Vordergrund stehen. Hinzu kommen bestehende Felder, die schwer veränderbar sind. Nachvollziehbar, wenn auch bedauerlich, hat die Pharmaindustrie ein anderes Interesse als Frau Meier oder Lehmann, die verständlicherweise mit Bio jung, attraktiv und gesund bleiben wollen. Wir hören's alle nicht gern, wenn gute Gegenargumente auf eine uns so sehr am Herzen liegende Angelegenheit stoßen. Ein gutes Beispiel ist das Thema Schuhkauf bei Frauen. Die Dame kauft die unglaublich schönen, aber viel zu kleinen sowie überteuerten Schuhe trotzdem, auch wenn ihr innerer Orthopäde aufschreien mag. Aber wir Frauen wollen sie meistens sofort, wenn das Herz'le vor Freude zu hüpfen beginnt beim Anblick der oben beschriebenen so zauberhaften Treter. Wir sind Spezialisten im Ausblenden von berechtigten Einwänden, wenn die Absätze genau dem entsprechen, was zwar unseren Vorstellungen entspricht aber nicht den anatomischen Gegebenheiten. **Beim Thema Rauchen** ist dieses Phänomen ebenfalls gut erkennbar - oder auch nicht, da uns die reelle Sichtweise genommen wird. Raucherinnen reden sich oftmals das Rauchen im wahrsten Sinne des Wortes schön. Wir wissen heute, wie stark Haut durch Nikotin geschädigt wird, doch ist nachvollziehbar, dass wir fast alle ein Stressventil suchen. Der eine raucht sich buchstäblich zu Tode, der andere betreibt exzessiv Sport, dass der Organismus aufschreit, der Dritte säuft die Leber bunt und ein anderer frisst sich buchstäblich fünf Kleidergrößen mehr an. Bei solchen Dingen sind wir spontan sehr kreativ in den Argumenten: „Man(n) lebt nur einmal." Denn für diesen quält sich Frau doch allzu oft in zu unbequemes Schuhwerk. Man bzw. Frau gönnt sich ja sonst nichts, und den eigenen Füßen schon mal gar nicht. Sind Sie auch der Meinung, wir machen dies nur für uns, niemals für die anderen? Warum tun wir es dann? Außerdem kann der Doktor den durch viele Jahre gequälten Füßen irgendwann bestimmt operativ zu Hilfe kommen. Die am Fuß von Hilde nämlich sichtbar gewordene tischtennisballgroße Verformung gepaart mit dem sogenannten Hammerzeh (Halux valgus) wird doch medizinisch sicherlich abgesägt, gerichtet oder gespritzt werden können. Das erinnert uns doch stark an die Möglichkeiten im Gesichtsbereich, wenn operative Eingriffe auch im Hautbereich des Kopfes steigende Tendenzen aufweisen, obwohl die Ergebnisse selten so gut gemacht sind, dass wir alle rätseln müssen, ob da jemand nachgeholfen hat. Warum um Gottes willen dann nicht auch am Fuß?

Der CHIRURG UND DIE SCHAUSPIELERIN

Es gibt sehr gute Arbeiten von Chirurgen, obwohl wir wissen, dass die Schauspielerin niemals mit den Jahren immer straffer werden kann, auch wenn das Publikum weiter an Wasser und Seife glauben soll. Manche Eingriffe im Gesicht sehen so fantastisch aus, dass wir schwer vom Hinschauen ablassen können. Frauen und Männer lassen straffen, bis der Arzt auch nicht weiter weiß, wir dies aber durch unsere Argumente bagatellisieren. Es ist schwieriger, sich einzugestehen, dass das Älteraussehen doch nicht so prickelnd ist. Vor allem, da die Gesellschaft den Eindruck vermittelt, es ist dringend notwendig, dass sich unsere Optik nach dem 25. Geburtstag nicht mehr verändert, wir allerdings beim Bewerbungsgespräch eine 30 Jahre lange Berufserfahrung vorweisen sollen.

Tipp: *Ich bin seit Langem dazu übergegangen, dass auf meiner Geburtstagstorte stets dieselbe Zahl steht, nämlich 35. Seitdem habe ich zweimal genullt. Das allerdings ignoriere ich.*

Grenzenlose Power Lassen wir uns authentisch auf das Thema Die wahre Kraft der Natur in Hautcremes ein. Die damit verbundene interessante Frage ist, welche hochwirksamen Bioalternativen ihren wundervollen Aufbau in und um Haut, dem größten und sichtbaren Organ, bewirken können. Und das effektiv, sodass Frau und Mann über einen langen Zeitraum mit wunderschöner Haut durchs Leben schreiten können. Was sollte auf ihr kostbares Gesicht gelangen? Wir sind uns sicherlich einig: nur das Beste! Fangen wir deshalb mit Punkt eins an, der da zu beachten ist: Die Creme sollte von ihren Inhaltsstoffen so rein sein, dass sie essbar ist. Es mag sich auf den ersten Blick befremdlich anhören, ist jedoch auf den zweiten Blick nachvollziehbar. Denn warum soll ein Mensch sich auf einwandfreie gesundheitlich hochwertige Lebensmittel konzentrieren, die möglichst frei von Giftstoffen sind, wenn er auf der anderen Seite höchst fragwürdige Hautmittel auf seine kostbare Haut schmiert. Punkt zwei ist das Thema Qualität der Inhaltsstoffe. Bioöle, egal welcher Pflanze oder Nuss entsprungen, besitzen unschätzbare Stoffe, die für unsere Hautzellen ein Lebenselixier darstellen. Somit haben Sie die Möglichkeit, auf Biocremes überzugehen, bei denen in den meisten Fällen lesbare Inhaltsstoffangaben gemacht werden, sodass für Sie gut nachvollziehbar ist, welche kostbaren Dinge den Weg auf Ihre Haut finden. Des Weiteren können Sie auf Hyaluron und D-Panthenol achten. Haut kann und muss vor allem viel wegstecken. Und hier liegt das Detail. Was wir bei uns auftragen, kommt sehr wohl irgendwo an. Nun fragen wir Damen uns aber, wo genau. Wir schauen meistens auch erst richtig hin, wenn's nicht mehr aufhören will zu jucken an der einen oder anderen Hautstelle und die Falten – besser: Furchen – so tief werden, dass selbst der Spiegel keine Lust mehr auf diesen Anblick hat. Oder ist es eher die Seele, die dort in der Nasolabialfalte (seitlich zwischen Nase und Mundwinkel), der Volksmund nennt sie Lebensfalte, unübersehbar tiefe Furchen hinterlässt. Und hat der Volksmund wieder einmal recht? Ja, hat er. Und ja, viele von uns hatten früher den Satz von sich gegeben, man müsse im Alter und zu Falten stehen. Zu grauen Haaren und Cellulite am Hinterteil sowieso. Die Wirklichkeit fühlt sich aber oftmals anders an, wenn der Moment gekommen ist.

Käse und das Hinterteil

Haben Sie schon einmal einen bewussten Ausflug in die Umkleidekabinen eines Kaufhauses gemacht, die sich in der Abteilung für Badewäsche befinden? Tun Sie's. Denn dort spielt sich das tatsächliche Leben ab. Hier müssen wir Frauen nach einem langen kalten Winter mit viel leckerer Schokolade und Käsefondues, der Wahrheit und Cellulite ins Auge blicken. Das kalte Licht in diesen Kabinen, welches jede Haut blaustichig erscheinen und somit Frau ohnedies älter aussehen lässt, und das nicht nur am Körper, verheißt wenig Erfreuliches.

Hilde verschwindet begleitet von einem noch

hoffnungsvollen Blick mit etlichen Bikinis und Badeanzügen in besagter Umkleidekabine. Ihr Gatte nimmt schon einmal in dem gegenüberliegenden Cocktailsessel Platz – immer mit Blick zur Umkleidekabine. Nach geschlagenen 15 Minuten fragt Manfred mal vorsichtig an, vielleicht ist die Gattin ja im Badeanzug steckengeblieben. Tatsächlich ist Hilde in der Anprobierphase steckengeblieben, und zwar mitsamt der Bikinihose, welche beim Hochziehen über die stämmigen Oberschenkel im Gesäßbereich ins überschüssige Fleisch versunken ist. Und da das durchdringende Knacken der Nähte besagter Bikinihose Hilde einen hochroten, mit Sauerstoff sichtlich unterversorgten Kopf beschert, ist sie weder im Stande noch willens, ihren Mann lieb um Hilfe zu bitten. Sie faucht aus der Kabine heraus, dass sich der Gatte dabei ertappt, wie er mit seinem Blick den Notausgang sucht. Dieser hat eindeutig verstanden, falls er jetzt wagt, durch die Kabinenvorhänge zu luken, es hier einen Mord geben wird. Wir erahnen, dass selbst unserer nicht ganz schlanken Hilde klar ist, dass Optik durchaus etwas sehr Wichtiges ist.

Liftings killen Schönheit

Wir kennen es, wenn Prominente - auch international - unübersehbar chirurgische Eingriffe hinter sich haben. Bei manchem Anblick würden wir uns wünschen, dass das Kameraobjektiv die misslungenen Gesichter nicht ganz so schonungslos per HD ins heimische Wohnzimmer bringen würden. Was spricht dagegen, dass wir uns nach einem anstrengenden Tag gern in Traumwelten der ewigen Jugend entführen lassen möchten? Wir möchten zwar die Wahrheit sehen, aber bitte schön, nicht jeden Tag, das kann kein Mensch ertragen.

Oft fragen mich Kunden, warum mancher Chirurg den Auftrag bekommt (und auch annimmt), alles Leben aus einem einst so wunderschönen Gesicht zu schneiden, hämmern und sägen. Sicherlich liegt solch persönlichen Entscheidungen subjektives Empfinden zugrunde. Hinzu kommt, dass gerade für Künstler und Schauspieler Aussehen gleichzeitig Werkzeug ist, welches Aufträge und somit Einkommen sichert. Viele fragen heimlich Was wäre, wenn die tiefe Furche im Glabellabereich (Stirnfalte zwischen den Augenbrauen) verschwunden wäre? Wir ahnen, dass eine glatte Stirn uns nicht mehr so grimmig oder zornig aussehen ließe. Damit käme an manchem Tage auch keine Nachfrage mehr, ob es uns nicht gut gehe, da wir so grimmig gucken würden. Dabei hatten wir gerade an diesem Tage beste Laune. Bis dahin!

Eine geglättete Stirnfalte macht uns optisch viele Jahre jünger, das steht fest. Versteht der Arzt, Heilpraktiker oder Kosmetiker sein Fach, können hier fantastische Ergebnisse erzielt werden, zum Beispiel mit einem Stirnlifting, einer Hyaluronunterspritzung oder dem Hyaluron-Needeln sowie der Fruchtsäure.

Wenn Frau und Mann dann zusätzlich im heimischen Bad die regelmäßige Pflege mit unterstützenden hochwertigsten Biocremes betreiben, wird das Gesichtsfeld über einen sehr langen Zeitraum das Hautbild betreffend ausgezeichnet aussehen. Hören Sie sich nach guten Adressen um! Es gibt hervorragende Kosmetikerinnen/Hauttherapeutinnen, die die Möglichkeit haben, einzigartige Ergebnisse zu erzielen.

Fruchtsäureanwendungen sind zum Beispiel überaus effektiv. Sie entfernen neben Falten, Unreinheiten und Altersflecken auch ein großporiges Hautbild. Die adstringierende (zusammenziehende) Wirkung der Fruchtsäure lässt die Haut bereits nach kurzer Zeit sehr viel feinporiger wirken.

Eine tolle Sache.

Beautytime

Es ist Beautytime, und wir fangen mit dem ersten Schritt an, dem Thema Reinigung unserer Haut. Eine durchaus wichtige und sinnvolle Angelegenheit. Wenn der Abend für uns und die Haut eingeläutet wird, ist es ratsam, ein Reinigungsmittel zu wählen, das sehr hautschonend wirkt. Die Haut hat während des Tages ohnedies viel Abwehrarbeit leisten müssen, sodass sie nicht zusätzlich gereizt, sondern unterstützt werden sollte, bestenfalls sogar leicht rückfettend in Form von guten Inhaltsstoffen. Dadurch entsteht nach dem Prozess des Reinigens in Verbindung mit Wasser kein Spannungsgefühl. Wir wissen aus Untersuchungen, dass gut aufgebaute Haut den Kontakt mit Wasser verkraftet, ohne beschriebenes Spannungsgefühl zu erzeugen. Wasser ist lebensnotwendig, auch für Haut. Zusammen mit einer reinen Bioseife oder Bio-Reinigungsmilch, die keinerlei Synthetika oder andere schwer belastende Fremdstoffe beinhalten, unterstützen wir mit sofortiger Wirkung den Heilungsprozess unserer Haut und Zellen. Hinzu kommt, das zeitlich schnell einsetzende angenehme Hautgefühl, das wiederum ein gutes inneres Befinden mit sich bringt. Wie stark ein Reinigungsmittel die Haut angreift, hängt wesentlich von Zusammensetzung und Art der enthaltenen waschaktiven Substanzen sowie dem pH-Wert des Produkts ab. Am besten bleibt die Haut geschützt, wenn der natürliche pH-Wert der Haut – nämlich 5,5 – nicht oder nur geringfügig beeinträchtigt wird.

WAS DER DARM NICHT HEILT,
HEILT DIE LEBER.
WAS DIE LEBER NICHT HEILT,
HEILT DIE NIERE.
WAS DIE NIERE NICHT HEILT,
HEILT DIE LUNGE.
WAS DIE LUNGE NICHT HEILT,
HEILT DIE HAUT.
WAS DIE HAUT NICHT HEILT,
FÜHRT ZUM TOD.
(LEHRSATZ DER CHINESISCHEN
MEDIZIN)

PARABENE – Bitte nicht für uns

Warum sind Parabene (Konservierer) problematisch?
Zu beachten ist: Parabene sind nicht alle gleich zu behandeln, denn es gibt sie in konzentrierter sowie abgeschwächter Form. Woran es aber keinen Zweifel mehr geben kann, ist, dass einzelne Wissenschaftler vor dem Einsatz von Parabenen warnen, da – und dies sei zu beachten – das weibliche Hormon Östrogen ins „Spiel" kommt. Will heißen, die Parabene, die wir uns so schön versteckt abendlich auf unser kostbares Gesicht schmieren, sind dem weiblichen Hormon Östrogen in ihrer Aktivität sehr ähnlich. Daher steht Paraben laut einer britischen Studie bereits seit 2004 in Verdacht, in Verbindung mit Deodorants Brustkrebs zu begünstigen. Daraufhin hat die deutsche Gesundheitsbehörde vorsorglich vor dem Einsatz von Deodorants mit Parabenen gewarnt.
So verfolgen wir weiter die entscheidende Frage, was in

einer guten Hautcreme enthalten sein sollte. Die Natur ist so kraftvoll und unendlich reich an Stoffen, die für unser inneres und äußeres Wohlbefinden so wichtig und wertvoll sind.

EIN KOSTBARER TIPP:

Frau kann bewusster darauf achten, dass gute Hautöle enthalten sind, wie zum Beispiel BIO-JOJOBAÖL. Man nennt dieses Öl auch Gold für die Haut, da es eine ausgezeichnete Wirkung für den überaus wichtigen Feuchtigkeitsgehalt mit sich bringt. Es festigt das Bindegewebe. Meine Damen, das ist für uns fast überlebensnotwendig. Denn Feuchtigkeitsverlust führt letztendlich immer zur Bildung von Fältchen und Falten. Hagebuttenkernöl enthält einen sehr hohen Anteil an ungesättigten Fettsäuren. Es stärkt die Zellmembrane und Elastizität der Haut und hinterlässt KEINEN unangenehmen Ölfilm. Wir kennen dieses unangenehme Gefühl von zu schwerer Cremekonsistenz. Die Lotion zieht nicht in die Haut ein und klebt an unseren Händen und sogar am Autolenkrad, wenn wir früh zur Arbeit fahren.Hier können Sie davon ausgehen, dass der Konsistenz Stoffe beigemischt wurden, die zwar preiswert für den Konzern, aber nicht gesundheitsfördernd sind.

Aloe Vera: Großartig in puncto Feuchtigkeitsspender.
Coenzym Q10: Für mich einer der besten Stoffe für den Aufbau der Haut. Mit zunehmender Reife („Alter") nimmt die körpereigene Produktion des Coenzyms Q10 ab. Damit

haben freie Radikale eine größere Angriffsfläche. Diese lassen nämlich unsere Hautzellen schneller altern. Ein Härtefall! Denn schließlich ist Frau mit fortschreitendem Alter bereits von anderen Dingen geplagt. So schlagen uns einzelne Wechselfaktoren auch noch ein Schnippchen. Q10 ist vielen als Anti-Age-Mittel bekannt. Es ist gemäß hiesiger Erfahrung ein grandioser Verjüngungsstoff für Hautzellen. Das Coenzym Q10 wird in jeder Zelle unseres kostbaren Körpers benötigt. Es aktiviert das menschliche Immunsystem. Neben dem Thema Haut hat es auch überdurchschnittlich positive Wirkung in vielen weiteren Gesundheitsfragen wie Herz-Kreislauf, Psyche, Infektionen, Muskulatur, Fettverbrennung usw. Bei letzterer erinnere ich höflich, der nächste Sommer kommt so sicher, wie wir unseren nächsten Bikini oder Badeanzug in unseren Kleiderschrank aufnehmen werden – bestenfalls mit wenig Cellulite am Hinterteil. Und vergessen Sie dabei nicht die Umkleidekabine samt Licht in der Badeabteilung.

Wie ein Lottogewinn - BioDiVeda

Wir als Verbraucher haben Möglichkeiten, seriöse Firmen zu finden. Das Logo Natrue ist dabei unter anderem ein gutes Hilfsmittel. Die Wahrscheinlichkeit, dass diese Cremes von hervorragender Bioqualität sind, ist mehr als hoch. Des Weiteren entstehen immer mehr Creme-Manufakturen. Ich arbeite ausschließlich mit Cremes per Manufaktur. Gern können Sie mich kontaktieren. Wir finden immer eine gute Lösung für Ihr Hautbild, welches doch bitte schön jünger aussehen darf und kann, als die Zahl, welche sich bei Ihrem letzten Geburtstag auf der Torte befand. War die Ihnen nicht von einer Kollegin geschenkt worden, welche sowieso schon immer unsympathisch war?

EWIG HALTBAR

Die große Herausforderung bei Cremes, auch bei synthetischen, ist das Thema Konservierung.
Die Großindustrie – aber auch die Bio-Kosmetik – können es sich nicht erlauben, dass Cremes in heimischen Baderäumen optisch angeschlagen aussehen. Wir mögen einem Gartenapfel nachsehen, dass er nach Bio aussieht, wenn ein ungespritzter Apfel kleine oder mittlere Macken aufweist - anders als ein genmanipulierter, giftgrün glänzender (der schon Schneewittchen nicht gut bekam). Echte Naturcremes können aufgrund ihrer Reinheit ebenfalls schon mal umschlagen. Jedoch ist bekannt, dass der Verbraucher Schwierigkeiten damit hat, wenn die Cremekonsistenz nicht mehr so reinweiß und unversehrt aussieht, da dies in erheblichem Kontrast zu dem steht, was uns werbestrategisch tagtäglich suggeriert wird. Wir reden gern über Bio und doch - viele kennen es -

beschleicht uns ab und zu ein seltsames Gefühl, wenn Obst und Gemüse nicht so einwandfrei aussehen, wie wir es aus der Werbung kennen.

Wie unsere Großmütter früher sagten: „Das Auge isst mit." Auch Sterneköche wissen darum. Und Kosmetikkonzerne sowieso. Es verhält sich wie bei unserem Frühstücksbrötchen, das beim Aufschneiden quasi verpufft, wenn es ein Vielfaches seiner Größe verliert. Der Geschmack ist bei der Herstellung mit künstlichen Zusatzstoffen sowieso schon auf der Strecke geblieben.

Die morgendliche Hautcreme ist oftmals auch weit davon entfernt, uns authentische Naturstoffe in Verbindung mit qualitativ hochwertigen Biowirkstoffen zuzuführen. Schön soll sie aussehen. Und das bitte nicht nur in der Verpackung. Wenn wir uns früh morgens aus dem warmen Bett quälen, soll uns das so teuer erworbene Cremetöpfchen wenigstens darin bestärken, anzunehmen, dass wir es gar nicht nötig hätten, dem täglichen nicht immer leichten Broterwerb nachzugehen. Auch wenn es meistens nicht stimmt, suggeriert uns der Anblick des überteuerten Pflegemittels: Wir haben es geschafft! Wir gehören dazu! Zu wem oder was auch immer.

MASCARA und bitte endlos

Die Haut schreit stumm auf, sodass wir es gar nicht merken. Erst Jahre später kommt das böse Erwachen, wenn die Patientin zum Hautarzt sagt: „Aber Herr Doktor, den Mascara habe ich jahrelang vertragen. Und plötzlich brennen, tränen und schwellen die Augen." Vielleicht auch besser so, da wir die fragwürdigen Inhaltsstoffe der schwarzen Tusche erst gar nicht lesen können. Wir möchten beim täglichen Verschönern mit dekorativer Kosmetik so gern daran glauben, dass der jüngst gekaufte Mascara voller wertvoller Inhaltsstoffe ist.

Und doch meine lieben Damen, Wimperntusche ist für die meisten von uns überlebensnotwendig. Dafür habe ich vollstes Verständnis. Der Mascara haucht dem noch so müde aussehenden Gesicht wieder Leben ein, da die Augen durch die optische Verstärkung der Wimpern ihren Ausdruck zurückerhalten. Mancher Augenbereich benötigt dann gar kein weiteres Make-up mehr, um schön und beeindruckend auszusehen. Somit perfekt! 90 bis 180 Härchen am Oberlid und etwa 80 am Unterlid warten regelrecht auf den Stoff, der helle Wimpernspitzen anfärbt und dadurch länger erscheinen lässt. Die aufgetragene Tusche erzeugt zusätzlich einen voluminöseren Eindruck. Wir haben die Möglichkeit, beim Kauf des Mascaras solchen Firmen den Vorrang einzuräumen, die weitgehend oder gänzlich auf giftige Inhaltsstoffe verzichten. Es gibt diese Bio-Firmen. Allerdings muss erwähnt sein, dass die reinen Biomascaras bisher nicht immer den ganz großen

Erfolg beim Auftragen erzielen. Oftmals bringt die Konsistenz zu viel Schwere mit sich, was den darin enthaltenen Fetten geschuldet ist. Hinzu kommt, dass die Haltbarkeit über den Tag hinweg verbesserungswürdig ist. Durch die Eigenwärme der Haut verselbständigen sich viele nicht wasserfesten Biomascaras. Trotzdem bin ich großer Hoffnung, dass der Bio-Kosmetikmarkt in absehbarer Zeit mit hervorragendem Naturprodukten aufwarten wird, mit denen unsere Wimperchen nach dem Auftragen der Besagten optisch doppelt so dick und mindestens nochmal so lang aussehen werden.

Stiftung Warentest macht in einem Artikel darauf aufmerksam, ebenfalls nicht den idealen Mascara gefunden zu haben. Es ist neben fragwürdigen Rezepturen auch der Mangel an Qualität seitens der Bürsten, Hülsen und Abstreifer. Auch das Thema Konservierer stellt laut Untersuchung ein Problem dar. Das Auge und die damit verbundene Schleimhaut haben es halt nicht gern, wenn durch unzureichende Konservierung Keime ins Auge gelangen, die dort nichts zu suchen haben. Stiftung Warentest straft in seinem Bericht die Tuschen von Rossmann und Aldi ab. Allerdings sei auch hier betont, dass die Konservierung für Firmen tatsächlich ein sehr anspruchsvolles Thema ist. Ein Zuviel und auch ein Zuwenig soll es nicht sein. Hinzu kommt dass die Konservierung durchweg verträglich sein muss. Unser Körper kann, nicht anders als unsere Seele, viel wegstecken, so wie letztere sich – meistens mit zunehmendem Alter – über Krankheiten Gehör verschafft. Unsere Haut ist in der Lage, die Chemiekästen, welche sich insbesondere Frau über Jahre hinweg auf ihre kostbare Haut aufträgt, über einen langen Zeitraum zu verkraften.

Dass in hundert Jahren der Lehrer seinen Schülern von einer Zeit erzählen wird, als sich Frauen Plaste und Elaste auf die echten Fingernägel kleben ließen, wird die Schüler in Erstaunen versetzen. Sicherlich nicht anders als wir damals im Geschichtsunterricht , weil gerade Frauen und teilweise auch Männer sich vor hundert Jahren die Taille schnüren ließen, bis die Gedärme platzten.

Heute lässt sich manch Prominente dann lieber gleich die unteren Rippen entfernen, damit Frau welchem Bild auch immer entspricht. Daran können wir die nicht wahrgenommene Sucht nach ewiger Jugend erkennen, welche jegliche Bedenken aus Hirn und Herz verbannt.

GENMANIPULATION - FLUCH ODER SEGEN?

Wir reden, insbesondere manch hierarchischer Mann, gerne davon, dass Genmanipulation gar nicht gesundheitsgefährdend sei und Frau doch sowieso nicht kapiert, was hinter diesem Wort steckt. Wir Frauen ahnen mit unserer weiblichen Intuition indes, dass es nicht gut gehen kann, wenn der kleine Franz mittags von der Schule kommt und seine genmanipulierte Kartoffel essen soll. Wir haben als verantwortungsvolle Mütter, Omas etc. mit Recht ein sehr viel besseres Gefühl, Franzl und Bärbel eine echte Biokartoffel anzubieten – ohne falschen Dünger und Pestizide im Kartoffelfleisch.

Eincremen, aber wie?

Was schmieren und cremen wir uns täglich ins Gesicht? Worauf kommt es an? Auch der Aspekt Berührung will beleuchtet sein. Ist der Prozess des Eincremens und die damit verbundene Berührung der Haut doch ebenso wichtig.
Studien belegen: Bereits bei Säuglingen treten signifikante Störungen auf, wenn keine körperliche Zuwendung erfolgt. Wir wollen es im Alltag oft nicht bemerken, dass angenehme Hautberührungen häufig zu kurz kommen. Kosmetikkundinnen weisen in den meisten Fällen einen besseren und gepflegteren Hautzustand auf. Es ist nachvollziehbar, dass die Haut besser aufgebaut ist, wenn sie regelmäßig gute und passende Pflege bekommt. Viele Frauen bestätigen, dass ihre Haut in Zeiten von Stress oder in Krankheitsphasen solche Umstände besser verkraftet.

Die Grundlage bildet hier ein genährter Aufbau der Hautzellen. Wenn altes Zellmaterial durch Peelings regelmäßig sanft abgetragen wird, haben neue Zellen, die an die Oberfläche gelangen, eine perfekte Ausgangslage. Werden überschüssige Talgrückstände fachmännisch entfernt, ist garantiert, dass starke Entzündungen mit der Zeit nahezu oder gänzlich verschwinden. Nach einer hochwertigen Gesichtsmassage, in der neben tiefer Entspannung die Haut angeregt wird, ihre Funktionen 100-prozentig auszufüllen, kann das Ergebnis nur fantastisch sein. Hierbei ist das „Entlymphen" der Haut ein wichtiger Faktor. Haut- und Bindegewebe werden angeregt zu entgiften.

WAS SOLL MAN TUN? ODER TUN SIE ETWAS FÜR SICH!

Wir bestaunen und bewundern schöne Menschen, ob mit oder ohne Neid. Auch dürfen wir uns einreden, dass faltige Haut etwas Erstrebenswertes sei und der Anblick von tiefen Furchen uns in Entzücken versetze. Die Wirklichkeit sieht jedoch anders aus. Es ist ein bedeutsamer Aspekt des Menschen, wenn dieser gepflegt aussieht. Gesellt sich dazu noch eine optisch schöne Haut, verspüren wir Bewunderung dafür. In dem langen Zeitraum als erfolgreiche Haut-Therapeutin wurde ich bei

Neukundinnen meistens mit den gleichen Schatten konfrontiert. Durchschnittlich oft ist zu erkennen, dass die Bewunderung für Optik und Haut meistens anderen Frauen entgegengebracht wird. Selten sich selbst. Und noch viel weniger konnten Frauen der eigenen Haut, dem größten Organ (das Frau und Mann nach außen schützt), Selbstliebe entgegenbringen. Bewunderung hatte meist nur Platz für andere, insbesondere aus Prominentenkreisen – welche die Tricks kennen, die notwendig sind, um auf der Bühne bzw. in ihrem Beruf, der existenziell ist, gut auszusehen, inklusive mancher Mogelpackung, um das tatsächliche Alter drastisch zu bekämpfen. Denn nichts anderes macht Haut, wenn sie u. a. einen Giftstoff wie Botox zugeführt bekommt. Oder würden Sie dieses Gift allmorgendlich als Tee-Ersatz trinken, insbesondere wenn es Ihnen gesundheitlich nicht gut geht? Wenn wir uns richtig schlecht fühlen, werden wir meistens äußerst wachsam für unsere Belange, d. h. wir schauen zum Beispiel mehr und intensiver hin, was wir zu uns nehmen – in Form von Ernährung bis hin zu der Frage, mit wem wir uns umgeben und unsere kostbare Lebenszeit teilen.

Im täglichen Allerlei jedoch betäuben wir unseren Stress mit nicht immer gesundheitsfördernden Dingen. Und wenn es ans Außen geht, sprich, an unser Hautbild, haben so viele bereits Schwierigkeiten mit dem liebevollen **Blick in den Spiegel**. Dieser erzeugt in vielen Frauen (und auch Männern) ein ablehnendes Gefühl. Ich habe in meiner Praxis immer wieder erleben können, dass der zur Hilfe genommene Handspiegel nach kurzer Zeit des Hineinschauens von der Kundin abrupt weggezogen wurde. Meistens mit den gleichen negativen Mantras: Die Augen oder Lippen oder Nase oder Augenbrauen oder das Gesicht sind zu klein, zu schmal, zu rund, zu dick, zu blass, zu groß, zu müde, zu unterschiedlich, zu dick, zu lang, zu kurz, zu nichtssagend … und so weiter und so fort. Kennen Sie das? Begleitet von dem auch immer gleichen Wunsch, anders auszusehen. Friseure wissen um das Problem, wenn Kundinnen mit Bildchen aus Zeitschriften darauf hinweisen, die eigenen Haare so wie das abgebildete Model tragen zu wollen. Nämlich voluminös, lockig und strahlend blond. Und das, obwohl der hilflose Friseur nur 7 armselige Härchen auf dem Kopf vorfindet. Ich konnte aus fachlicher Perspektive oft feststellen, dass die Selbstanalyse der Frauen häufig nichts mit der Realität zu tun hatte. Wenn Frau ihre Augenfarbe sowas von hässlich und fad empfand, war sie in Wirklichkeit eine sehr schöne, nämlich mit vielen außergewöhnlich interessanten Farbspielen und dabei einer guten bzw. meist passenden Augengröße für das entsprechende Gesicht. Häufig übersieht Frau, dass es an anderen Umständen liegt, wenn bestimmte Gesichtsbereiche nicht ausreichend zur Geltung kommen, zum Beispiel fehlende Konturen. Diese sind überdurchschnittlich wichtig, etwa für den Orbital-(Augenzone oben/unten), Augenbrauen- und Lippenbereich, um einen typgerechten und schönen Ausdruck für das gesamte Gesicht herzustellen.

Permanent-Make-up bietet hier eine hervorragende Möglichkeit. Je nach Geschmack können bei den meisten Frauen durch kleine und kleinste Unterstreichungen entsprechender Gesichtsareale diese optisch höchst anspruchsvoll in Szene gesetzt werden. So wie man es auch in der Film- und Fernsehbranche buchstäblich macht. Da wird gecremt, geölt, gestrafft, gespritzt, geschminkt, gepusht, gesprüht, geklebt – bis die Lider sich unter der Last der unechten Wimpern kaum noch öffnen lassen. Keine einzige Wimper wird dem Zufall überlassen, wenn die Schauspielerin über den roten Teppich schreitet. Und die Frau im alltäglichen Privat- und Berufsleben denkt, das sei alles echt. Mit der Einschränkung: »Ja, nicht alles, aber die sieht perfekt aus.« Aber meine Damen, auch nicht anders als wir, wenn sich die **Promi-Tante** früh morgens aus dem Bett quälen muss. Die Hauerchen müssen genauso geputzt werden, der gute Geschmack kommt da auch nicht von allein. Was Besagte aber macht, ist Zeit und Geld in die eigene Pflege zu investieren. Tun Sie dies annähernd auch? Integrieren sie regelmäßige Kosmetikbesuche, um Ihre Haut zu schützten? Oder ist Ihre letzte Hautaufbereitungsbehandlung mit Tiefenentspannung schon lange her?
Schauen Sie genau hin, was auf Ihre kostbare Haut kommt? Oder beruhigen Sie sich auch mal gern mit Sätzen, wie „Das muss doch gut sein, war schließlich teuer.“?
Was für ein Vertrauen! Und wenn Ihr Gatte zum Oktoberfest fährt, macht er sicherlich eine Ayurveda-Kur.

Gönnen Sie sich bewusst nährstoffreiche Inhaltsstoffe aus der Natur? Gehört ihr Cremetöpfchen zu den weder überteuerten, noch zu verdächtig günstigen Geiz-ist-geil-Artikel? Ihre Haut, die es verdient hat, dass Sie sich täglich liebevoll um sie kümmern, wird es Ihnen danken.

Was ist in Ihrem Make-up so drin?

Der Inhaltsstoffangabe auf die Schliche zu kommen, ist bei dem Kleinstformat, in dem sie auf dem Artikelboden versteckt ist, mehr als schwierig. Wie die morgendliche Wimperntusche rettet uns das Make-up in gekonntem Braun und damit optisch verschönt über den nicht immer leichten Tag.

Selbst Rötungen und Entzündungen können minimiert oder gänzlich wegretuschiert werden. In der Seele sieht es manches Mal anders aus. Und nicht immer können und sollten wir dies zeigen. Was einen wichtigen Schutz für uns darstellen kann. So auch das morgendliche Auftragen unserer Tönungscreme. Es gibt sie die reine Pflege für Ihre Haut in Form von Make-up, sprich Tönung. Es bedarf eventuell ein wenig Zeit, bis das richtige gefunden ist. Seriöse Biokosmetikfirmen (Manufakturen) sind in der Lage, hochwertig – und sogar deckende – Bio-Make-ups herzustellen. In meiner Praxis arbeite ich mit einer Bio-Tönungscreme, die neben einer nicht zu überbietenden Reinheit eine unschlagbare Konsistenz mitbringt, sodass beim Auftragen dieser einmaligen Tönungscreme die optische Abdeckung von eventuellen Rötungen oder sporadischen Entzündungen gewährleistet ist. Das Einzigartige an dieser Bio-Tönungscreme ist, dass sie neben der hervorragenden Konsistenz keinerlei Mineralöle, Parabene oder künstliche Duftstoffe enthält. Hier werden neben reinen Bioölen wie Jojoba plus verträgliche Farb-Pigmente verwendet, welche sogar Magnesium und Zink enthalten. Der Mineralstoff Zink ist ein Multitalent und wichtig für das Immunsystem, Haut, Haare und bei der Wundheilung. Womit das Auftragen des täglichen Make-ups eine entscheidende Bedeutung zukommt, da die Haut über den Tag hinweg viel durchlebt. Somit ist ein guter Schutz verbunden mit dem Heilungsaspekt Garant für einen langen Erhalt glatter Haut. Wir dürfen uns auf den Weg machen, das in die Hand und insbesondere die Finger zu nehmen. Lesen ist uns in der Schule wenigstens beigebracht worden. Somit können wir auf die Inhaltsstoffe achten, die, soweit es möglich ist, Bio sein sollten - gepaart mit verträglichen Konservierern. Tipp: Achten Sie auf Parabene, welche auf keinen Fall enthalten sein dürfen.

Treffen wir auf hohe Temperaturen oder körperliche Anstrengung, kann der Mensch pro Tag bis zu 15 Liter Schweiß ausscheiden.

Alter oder Gene oder doch Hormone?

Glauben wir an die Vorstellung, dass mit zunehmendem Alter nur einige mit einer fantastisch aussehenden Haut gesegnet sind? Falls sie argumentieren, dass das die Gene sind, dann erklären Sie mir, warum Hilde mit 45 Jahren eine bessere Haut hat als mit 25, welche ihr in der Pubertät sowie noch viele Jahre danach größte Probleme bereitet hatte. Dann sind dies halt die Hormone, obwohl Hilde vergeblich versuchte, den Hautzustand mit Hilfe von diversen Anti-Baby-Pillen in den Griff zu bekommen. Schließlich gab die Frauenärztin nach unzähligen neuen Verschreibungen auf. Man (in diesem Fall Frau) müsse mit einem schlechten Hautbild eben leben.

Das spornte Hilde an, genau dies eben nicht zu tun. Denn sie hatte erkannt, dass Frau Doktor die Ursache gar nicht wusste. Und deshalb auch keine Lösung für ihr Hautproblem hatte. Hilde tat es ihrer Freundin gleich, sie begann im Inneren aufzuräumen - in Form einer Ernährungsumstellung. Sie horchte in ihren Körper hinein, um festzustellen, was ihm tatsächlich gut tat, integrierte leichten Sport und konzentrierte sich intensiv auf ihr hilfloses Hautbild. Da sie erkannt hatte, wie gut ihr Bionahrung bekam, beschloss sie, Naturstoffe auch für ihr Äußeres anzuwenden. Sie hatte Glück bei der Empfehlung einer Biokosmetik-Praxis, in der mit reinen Bioprodukten, d. h. per Manufaktur hergestellten Hautartikeln, gearbeitet wird. Sie nahm regelmäßige Kosmetikbehandlungen wahr.

Schneller als Hilde es je vermutet hatte, verbesserte sich ihr Hautzustand. Sie erkannte in ihrem Spiegelbild, dass sich neben einem feinen Porenbild die gesamte Festigkeit ihrer Hautstruktur verbesserte. Das bemerkten auch andere in ihrer Umgebung, sodass sie häufig auf ihr neues und attraktives Erscheinungsbild angesprochen wurde. Was ihrem Seelenleben eine große Portion Selbstvertrauen verlieh.

Ihre persönliche Pflegezeit

Wie sieht ihr täglicher Pflegeplan aus? Verwöhnen Sie sich und Ihre Haut regelmäßig?

Wir können mal schauen, wie der Tag für Haut aussehen sollte. Nach dem Schlafen und der damit verbundenen Erholungsphase für die Haut reicht klares Wasser zur Belebung vollkommen aus. Beginnen Sie mit lauwarmen Temperaturen und senken Sie diese bis in den kalten Bereich. Falls ihre morgendliche Stimmung es zulässt, wiederholen Sie mehrere Durchgänge. So werden das Bindegewebe sowie die Zellerneuerung bis hin zur notwendigen Entschlackung gleich mit angeregt. Es sei nochmals betont, dass hiermit kein Zwang auferlegt werden soll. Wer Lust und Zeit hat, kann seiner Haut zusätzlich Rosenwasser in Bioqualität zuführen. Bereits der Duft belohnt. Alternativ können Sie das erwähnte Naturwundermittel Bio-Apfelessig verwenden. Die adstringierende und desinfizierende Wirkung ist einzigartig. Danach, je nach Hautbedarf, verwöhnen sie ihre Haut mit einer echten Naturcreme. Ratsam ist das bewusste Eincremen ihres kostbaren Gesichtes. Gern können sie die Creme einige Minuten länger einmassieren. Im Augenbereich wird damit zugleich das Endlymphen angeregt. Falls sie zu geschwollenen Augen neigen, ist dies eine unterstützende Maßnahme, die unangenehmen Stauungen – zumindest von außen – ein wenig zu minimieren.

Ästhetische Eingriffe

Wenn eine Kundin sich mit dem Gedanken trägt, unter Umständen eine Schönheitsoperation durchführen zu lassen, ist diese Thematik nicht immer einfach zu behandeln. Die Kundin ist meist unsicher, da viele Fragen im Raum stehen. Unter anderen sind gute Adressen rar, was die Entscheidung, eventuell eine Fettabsaugung oder Brustverkleinerung vornehmen zu lassen, zusätzlich erschwert. Was gibt es dagegen einzuwenden, wenn Frau oder Mann zum Beispiel eine saubere Lidkorrektur vornehmen lassen, wenn diese so gut durchgeführt wird, dass die Optik des Orbitalbereiches (Augenbereich) natürlich, schön und stimmig zum jeweiligen Gesicht den einzelnen Typ noch unterstreicht und sogar zum Strahlen bringt? In dem Fall kann ich eine solche nur begrüßen.

Solange die kleinen Glotzerchen noch einwandfrei schließen und wir nicht Gefahr laufen, nachts mit geöffneten Liddeckeln schlafen zu müssen, können wir uns an gelungenen Arbeiten erfreuen. Denn wer da glaubt, ein optisch müde anmutendes Auge sehe besser aus als ein wohl geformtes, darf sich dies einreden. Wenn Frau über einen zu großen Busen und die damit einhergehenden Unannehmlichkeiten klagt, ist der Wunsch nach Veränderung gut nachvollziehbar. Aber stets sollte dabei das Wohlbefinden des Menschen im Vordergrund stehen. Die Zeit wird kommen, in der verantwortungsvolle Chirurgen Arbeiten verrichten, die dem Einzelnen helfen, ästhetisch jung alt zu werden, ohne dabei lächerlich zu wirken. Dann werden sog. »Autoreifen« im Lippenbereich in der Regel der Vergangenheit angehören. Stattdessen wird man Frauen und Männer dabei unterstützen, mit zunehmendem Alter eine zu ihnen passende Attraktivität und Schönheit beibehalten zu können. Wir werden Gesichtsliftings sehen, die so angepasst und natürlich sind, dass wir beim Hinschauen glauben, dass diese nur Natur sein können.

Wir werden den Hintern nicht mehr im Gesicht des Patienten/Kunden wiederfinden, denn wie Oma immer zu sagen pflegt: »Hintern kommt von hinten.« Recht hat sie. Daher beschleicht uns ein ungutes Gefühl, wenn wir besagten dann ab und zu im Gesicht von diversen Leuten entdecken. Rührt daher vielleicht der Begriff »Arschgesicht«?

Eventuell wird der Mensch in Zukunft bezüglich seines Seelenlebens aufgeklärter und entsprechend gestärkter sein, sodass Zwänge und Trends bis hin zum Schönheitswahn der Vergangenheit angehören könnten. Es wäre wünschenswert, dass auf dem Hautsektor überwiegend reine Biocremes die Kundin und den Kunden erreichen und mit einem richtig guten Gefühl äußere Pflege betrieben werden kann - und wir ein rundherum gutes Gewissen haben, wenn wir unsere Cremes auf die Haut auftragen, da wir wissen, dass durch Bio nur beste Stoffe den Weg auf unsere Haut finden.

Die inneren Werte

So gern würden wir daran glauben, dass es nur die inneren Werte sind, die uns Menschen so attraktiv oder als genau das Gegenteil erscheinen lassen. Es wäre genial, wenn sich eine liebenswerte Seele stets im Äußeren in Form vollendeter Schönheit zeigen würde. Im Umkehrschluss hätten wir dann auch die Möglichkeit, die Volldeppen mittels unschöner Gesichts- und Körpermerkmale identifizieren. Oma sagt immer: »Von einem schönen Teller kann man nicht essen, wenn er leer ist.«

Der pH-Wert - wichtig oder nicht?

Fast alle kennen den Begriff ph-Wert. Doch was versteckt

sich hinter dieser Bezeichnung? »ph« steht für potentia hydrogenii. Übersetzt heißt das Wasserstoffionenkonzentrat.

Der pH-Wert gibt bei wässrigen Lösungen den Säuregrad an. Die Skala reicht von pH 0 für stark saure Lösungen bis pH 14 für stark alkalische Laugen. Wasser hat den Neutralwert von pH 7, der Säureschutzmantel gesunder Haut einen pH-Wert zwischen 4 und 6,5.

0-----------------------7-----------------------14

Ein optimales Hautbild liegt nachvollziehbar in dem Bereich um 5,5.

Auch in der Pubertät schöne Haut

Wir sehen bei Jugendlichen oft Hautzustände, die Pubertätsmerkmale widerspiegeln, was sich überdurchschnittlich häufig in Form von Pickeln, hochgradigen Entzündungen und Rötungen zeigt. Letztere weisen deutlich einen übersäuerten Organismus aus. Hier sprechen wir auch von Temperaturen, welche eben diese Rötungen, meist angesiedelt um den jeweiligen Pickel herum, mit sich bringen. Des Weiteren ist das Einschießen der Hormone am Hautbild ersichtlich. Ein Zuviel an übersüßten Speisen oder nicht immer förderlichen Leckereien führt zu einer Verschlechterung des

Hautzustandes. Die erwähnte Temperatur und die damit einhergehende Rötung zeigen an, dass die Haut an der jeweiligen Stelle arbeiten muss. Natürlich ist sie bemüht, Entzündungen zu bekämpfen und Schlacke herauszuspülen. Schließlich ist die Haut das größte Entschlackungsorgan des Menschen. Für Heranwachsende ist es nicht leicht, den Schul- und Elternstress sowie die damit verbundenen Anforderungen gelassen zu nehmen. Erwachsene jeden Alters kennen es, wenn überdurchschnittlicher Stress in unseren Alltag einbricht und uns die Haut daraufhin schnell anzeigt, dass es unserer Seele nicht gut geht. Wir mögen keine Entzündungen in Form von Pickel bekommen, jedoch zeigen die stattdessen vermehrt auftretenden Falten unser Inneres an.

Das sind wir uns wert

Wer Verantwortung für sein kostbares Hautbild übernimmt, erkennt, dass Haut überdurchschnittlich regenerationsfähig ist. Wir wissen, dass wir hinterher in Form von Qualitätshaut, die unübersehbar ist, doppelt belohnt werden, sofern es der Fachmann / die Fachfrau macht. Die Reiferen von uns haben gelernt, manche Dinge anzugehen. Die Jungen, wie Oma sagt, müssen es noch lernen. Und hier sind wir Eltern gefordert. 90 % der Jugendlichen, die in meiner Praxis um Hilfe bitten, werden bei der ersten Terminabsprache von ihren Müttern begleitet. Hier ist also Nachholbedarf vorhanden, soviel steht fest. Auch die Verantwortung vollends den Heranwachsenden zu überlassen, ist nicht ratsam. Vielmehr ist es angebracht, mit gutem Beispiel voranzugehen – nämlich für seine Haut zu sorgen. Heilungschancen bestehen, wenn frühzeitig das passende Pflege- und Verwöhnprogramm angewandt wird. Reinigungsmittel wie zu grobe Peelings oder Reinigungsmilch, welche eher Synthetika als Naturstoffe enthalten, sind kontraindiziert.

Eine hochwirksame und preiswerte Alternative bieten Gesichtsseifen. Diese gibt es in unzähligen Varianten. Neben der praktischen Handhabung legen die wertvollen Inhaltsstoffe bei Bioseifen den Grundstein für eine optimale Hautreinigung.

Genetik

Wir lassen uns oft auf überholte Glaubenssätze ein, wie z. B., es seien die Gene oder Hormone. Kaum einer ist in der Lage, das Thema Gene richtig zu erklären. Und was heißt überhaupt richtig? Selbst mutige Fachleute haben eingeräumt, dass die Prämisse, fast alles an diesem Thema festmachen zu wollen, überholt ist. Lassen Sie uns auf Bruce Lipton schauen, ein bekannter Zellbiologe und Pionier in Sachen Gen-Aufklärung. Er hat erfahren, wie schwer es ist, überholte und vor allem widerlegte Thesen zu entkräften. Es ist nicht immer leicht, gegen den Strom zu schwimmen, auch wenn man weiß, dass man recht hat. Lipton macht darauf aufmerksam, dass Gene viel weniger Auswirkungen auf den Menschen und seine Krankheiten haben als bisher angenommen. Er weist auf „die Rolle der Umgebung bei der Steuerung der Genaktivität" hin. Er stellt das zentrale Dogma der Biologie in Frage, dass die Gene verantwortlich sein sollen, unser Leben zu bestimmen. Er teilt mit, dass diese wissenschaftliche Behauptung einen grundlegenden Fehler hat. Gene sind nicht in der Lage, sich selbstständig an- oder abzuschalten. Wissenschaftlicher ausgedrückt: Zitat.«Gene sind nicht selbst-emergent; ihre Aktivität muss durch ihre Umgebung ausgelöst werden.« Obgleich diese Tatsache bekannt war, rückten die konventionellen Wissenschaftler keinen Deut von ihrem genetischen Dogma ab und ignorieren die neuen Erkenntnisse. Lipton gab zu erkennen, dass seine Bemühungen den überholten wissenschaftlichen Dogmen durch neue Erkenntnisse zu ersetzen, für ihn beruflich fast den: Zitat „Scheiterhaufen" bedeutete. Bruce Lipton kommt auf Grund seiner wissenschaftlichen Untersuchungen zu der Erkenntnis, dass (Zitat)"...wir nicht Opfer unserer Gene, sondern die Meister unseres Schicksals sind...". Womit ich den Bogen zum Thema Haut schlagen möchte. Problemhaut braucht nach meinen langjährigen Erfahrungen und Recherchen kein lebenslanges Belastungsthema für den Betroffenen bleiben. Das Beispiel mag profan sein; Oma sagt immer: »In der Einfachheit liegt der Sinn.« Recht hat sie. Sie kennen das

Gefühl, wenn Sie einen Raum betreten und sofort spüren, ob es sich dort für Sie gut anfühlt oder nicht. Mit einem guten Gefühl öffnen wir uns Menschen und Dingen viel schneller. Wir ziehen uns indes zurück, wenn wir auf Situationen und Menschen stoßen, die uns nicht gut tun, vergleichbar mit einer Zelle in einem Reagenzglas, der Stoffe zugeführt werden, die giftig sind. Die Zelle zieht sich daraufhin laut Lipton augenblicklich zurück. Das genaue Gegenteil tritt ein, wenn der Zelle ein für sie wichtiger Nährstoff zugeführt wird. Dann bewegt sie sich regelrecht auf den für sie so gesunden Stoff zu.

Ich möchte es an dieser Stelle mit der Genthematik bewenden lassen, denn Liptons Beispiel steht in erster Linie für die Wichtigkeit des Hinterfragens. Mit den von mir zum Thema Haut vermittelten Inhalten soll dazu animiert werden, bei Hautproblemen nicht in alte Mantras zu verfallen, wie »Damit muss ich leben«.

Bei Hautproblemen, die für den Einzelnen unangenehm sind, haben wir Möglichkeiten, aus dem altbekannten Muster herauszutreten und uns auf den Weg zu machen, dem Hautbild seine Gesundheit zurückzubringen. Ich kann gut nachvollziehen, wenn meine Kunden, welche eine Odyssee von Arztbesuchen, des Leerkaufens von Apotheken, überteuerter Exklusivketten oder der Billiganbieter hinter sich haben, die Hoffnung auf Heilung aufgegeben haben. Wir sind in der Regel darauf angewiesen, dem zu vertrauen, was uns der aufgesuchte Arzt über Hormone erzählt. Schnell stellen wir aber fest, dass manches davon nicht stimmen kann.

Unser Verständnis dafür, dass der Doktor nicht selten das eine oder andere Mal ratlos ist, ergibt sich beim Hinterfragen der Zusammenhänge, denn das Gesundheitssystem verlangt Medizinern für die Aufrechterhaltung des Praxisbetriebes viel Zeit und Mühe ab – Zeit, die fehlt, um neues und fortschrittliches Wissen zu erlangen. Hinzu kommt, dass etliche Menschen (Patienten) Zeit brauchen, von widerlegten Verschreibungen loslassen zu können. Das alles unter einen Hut zu bekommen, ist nicht selten eine unlösbare Aufgabe.

Seifenerlebnis pur

In vielen Kulturen, wie der indischen und der damit verbundenen ayurvedischen Pflege, stehen Seifen hoch im Kurs. Seit tausenden von Jahren weiß der Mensch um die Kraft dieses Mittels.

Wir benötigen keine unzähligen Tiegel und Tuben, bei denen wir selten der kaum lesbaren INCI (Inhaltsstoffangabe) folgen können, im heimischen Badeschrank. Was wäre das Problem für Großkonzerne, dem Verbraucher die Stoffe darzulegen, so dass wir diese sofort verstehen, fragt sich die kluge Frau von heute. Dann wäre gewährleistet, dass wir entscheiden können, ob wir sie unserer Haut zuführen wollen und vor allem sollten.

Es stellt in Wirklichkeit kein Problem dar aufzuklären. Das hätte allerdings zur Folge, dass Inhaltsstoffe in Hautcremes gut und verständlich auf den jeweiligen Produkten deklariert werden müssten.

Rasieren macht glücklich

Manfred ist befreit. Nein, nicht von seiner Gattin, sondern von seinen Entzündungen im Bartbereich, welche nach der Rasur in Form von kleinen Pickeln mit Rötungen auftauchten. Da Hilde durch ihre Erfahrungen erkannte, dass Haut all das offenbart, was ihr nicht gut tut, sich im umgekehrten Fall allerdings als äußerst dankbar erweist, konnte Hilde gar nicht anders, als auf Inhaltsstoffe zu gucken. Sie ertappte sich eines Tages, wie sie die Inhaltsstoffangabe des Rasierschaumes ihres Mannes durchlas. Was sich als schwierig herausstellte. Die Deklaration erwies sich als kompliziert, da die lateinischen Bezeichnungen verbunden mit nicht nachvollziehbaren Zahlen, kaum nachvollziehbar waren. Das weckte Hildes Ehrgeiz. Schließlich wollte sie ihren Gatten dabei unterstützen, etwas Gutes für die Pflege seiner Haut im Bartbereich zu tun. So waren nach ihren Recherchen die meisten Inhaltsstoffe in Rasierschäumen mit nicht gerade gesundheitsfördernden Mitteln versehen. Es war erschreckend, was laut Untersuchungen alles in den von

Männern bevorzugten Rasiermitteln drinsteckte.

*Saldo-Studie: Von 10 Rasierschäumen und -gelen sind lediglich 2 frei von problematischen Substanzen; 2 fielen ganz durch, da zu belastend. Selbst Formaldehyd war wiederzufinden. Des Weiteren wurden überhöhte Werte bei Diethylphthalat (DEP) gefunden. DEP ist immer wieder ein Ärgernis und nicht nur in Rasiermitteln nachweisbar. Auch 31 Deodorants enthielten, neun davon in sehr überhöhtem Maße, diese umstrittene Substanz. Sie fragen sich mit Recht, warum die Industrie solche Stoffe dann benutzt. DEP wird eingesetzt um den Alkohol, einen Konservierer, zu vergällen. Außerdem ist es in Duftstoffen enthalten, um diese zu fixieren. Technisch zwar sehr praktisch, aber gesundheitlich äußerst umstritten! Diethylphthalat beeinflusst den Schutzmantel der Haut. Unterschiede gab es beim Thema Preis. Vier Testsieger mit der Note „sehr gut" waren preislich im oberen Bereich angesetzt. Die Hersteller ökologischer Produkte begründen den Preis mit den Entstehungskosten der Rohstoffe. Wer sich mit Einkaufspreisen auf dem guten Biosektor auskennt, kann dies nachvollziehen. Außerdem sei zu überlegen, ob Mann nicht doch ein paar Euros mehr für seine Pflege insbesondere im Gesichtsbereich ausgeben sollte. Man(n) gönnt sich doch sonst wenig.

Tipp:

Für Rasuren und das Eingrenzen von Entzündungen ist es ratsam, auf Bio-Rasierseife umzusteigen. Das mag befremdlich klingeln, da ungewohnt. Doch einmal getan, werden die meisten ihre kleinen Zeitbomben gegen Rasierseife austauschen, die im Preis meist noch günstiger sind als die künstlichen Rasierschaumartikel. Einen guten Pinsel, der natürlich auch lange hält, bekommt man bereits ab ca. € 20,00.

So darf sich Mann oder Frau an die ersten Schritte machen: Manfred tat's und das mit großem Eifer. Er befeuchtete den gekauften Rasierpinsel leicht. Mit kreisenden Bewegungen fuhr er mit diesem über die Seife, trug den dabei entstandenen Schaum nach und nach auf die Gesichtspartien auf und gab dem Seifenschaum ausreichend Zeit, einwirken zu können. Damit wird gewährleistet, dass das Barthaar aufweicht, die Gesichtshaut aber glatt bleibt und zusätzlich mit guten Pflegestoffen versorgt wird.

Manfred hatte von einem ausgezeichneten Friseur erfahren, dass das Thema Spannen der Haut eines der wichtigsten Kriterien beim Rasieren ist. Er war begeistert. Gab er doch zu, sich anfangs nicht an die Sache herangewagt zu haben, weil er die genauen Abläufe nicht kannte.

Jetzt würde er es nie wieder anders machen. Binnen kürzester Zeit regenerierte sich die Bartzone. Die unangenehmen Entzündungen waren verschwunden. Das Gefühl nach dem Rasieren war unbeschreiblich gut. Sein gesamtes Hautbild verbesserte sich eklatant.

Das blieb auch Manfreds Umgebung nicht verborgen, sodass er darauf angesprochen wurde. Er war erstaunt, dass viele der in seinem Bekanntenkreis befindlichen

Männer ähnliche Probleme beim Thema Rasur kannten. Unter seinen Freunden hatte manch einer die Vermutung, dass das alles gesundheitlich nicht besonders förderlich für Haut und Mensch sein kann. Sie fragten sich zurecht, was bedenkliche Duftstoffe, welche von echten ätherischen Düften weit entfernt sind, in Rasierschäumen zu suchen hätten. Die Themen Formaldehyd und DEP trieben manchem Mann die Zornesröte ins Gesicht. So bewirkte das Negative das Positive, nämlich dass Manfred und seine Freunde beim Thema Rasur neue, bewusstere Wege gingen. Sie tauschten den Billigrasierschaum gegen einen biologisch verträglichen ein oder gingen zu Rasierseife über. Auch das Abschlussprogramm sah nunmehr anders aus. Statt sich „Männerwasser" auf die ohnehin schon geschundene Haut aufzutragen, wechselten sie z. Bsp. auf Bio-Hamameliswasser. Hervorragend in der stark entzündungshemmenden und adstringierenden (zusammenziehend) Wirkung. Und trotzdem erfrischend.

Biocreme - ein Naturwunder von BioDiVeda

Wir wissen heute, dass bestimmte Naturstoffe Hautzellen sehr wohl nähren und stärken können, sodass die Zellmembran besser konstituiert (aufgebaut) ist. Damit wird gewährleistet, dass ein schöner Hautzustand in stressigeren Lebensphasen beständiger bleibt und nicht unmittelbar mit Entzündungen auf sich aufmerksam macht. Haut, die bestens aufgebaut ist, kann viele Dinge, die ihr ansonsten zusetzen würden, besser verkraften. Dafür bietet die Natur unzählige Stoffe, die für die eine oder andere Sache von Nutzen sind. Haut benötigt eine überschaubare Anzahl von wirksamen und natürlichen Substanzen und, wie bereits erwähnt, nicht zahllose Tiegel mit unterschiedlichsten und fragwürdigen Inhaltsstoffen. Wieviel stecken Großkonzere in den Inhalt einer Creme ?

Antwort: 1 %

Wir wissen heute, dass auf die Haut aufgetragene Substanzen sehr wohl ihre Wirkung entfalten und ihren Weg finden. Es sind keine Einzelfälle, in denen Haut mit Brennen und Jucken reagiert, wenn wir uns Lotionen aufgetragen haben. Auch das Gegenteil ist festzustellen, nämlich dass Pflegecremes unangenehme Hautreaktionen binnen kürzester Zeit lindern. Gleichzeitig verbessert sich das Hautbild und wir spüren sowie sehen ein überdurchschnittlich schönes und gesundes Porenbild, frei von Reizungen und Rötungen. Selbst einige Pickel während hormoneller Schwankungen oder größerer Stressphasen sind besser als früher zu verkraften - und das nicht nur für die Haut, sondern auch für einen selbst, da wir bei gut aufgebauter Haut darauf vertrauen können, dass sich diese schnell beruhigt und zur entspannten Optik zurückkehrt.

Wenn Haut egal ist, was ihr zugeführt wird, können die, die das behaupten, es ja mal mit Motorenöl versuchen. Sie würden jedoch selten auf solch eine Idee kommen. Bekannte Gifte trägt der Mensch nicht freiwillig auf seine Haut auf. Und wenn es ohnedies schon so richtig juckt, dass sie dem Kratzen kaum noch entsagen können, schreit selbst derjenige, der eher Motorenöl bevorzugt, nach beruhigender Hilfe für die Hauterkrankung. Diejenigen, die im Beruflichen mit Menschen und deren Hautproblematiken arbeiten, kennen diese wiederkehrenden Sätze: »Aber früher habe ich das vertragen.« Ja, früher... Da war laut Aussage einiger sowieso alles besser. In diesem Fall die Haut, wenngleich diese bereits lange zuvor schon stumm aufschrie. Nur hörbar bzw. sichtbar war es noch nicht. Haut kann viel wegstecken, aber irgendwann selbst das nicht mehr. Und dann schmieren wir ganz bewusst, was das Zeug hält, in der Hoffnung, es hilft. Wer Glück hat, kommt an die richtigen Produkte, welche so rein sein sollten, dass sie diese auch essen könnten. Was für ein schönes Gefühl, es der Entwicklung im Ernährungsbereich gleichzutun! Viele sind heute achtsamer, was sie zu sich nehmen, in Form von Lebensmittel. Die Zeit ist längst gekommen, wo wir es uns wert sind, hinzuschauen, was wir der Haut zuführen. Möchte Frau oder Mann Haut als schöne Lebensbegleitung, ist das ein machbares Ziel. Kaum ein Organ ist so dankbar wie Haut.

Es ist die Ratlosigkeit, die uns beim Einkaufen von Pflegeprodukten oft begleitet, nachdem wir dahinter gekommen sind, dass die Großkonzerne nur 1 % in den

Inhalt investieren, das meiste aber in Verpackung, Werbung und den eigenen Gewinn. Dürfen wir darauf bestehen, dass unser Luxuscremetiegel tatsächlich mehr als ansprechend aussieht, was das Glücksgefühl beim Benutzen des Besagten unterstützt. Dieses darf sich gerne zu einer Art Ekstase potenzieren, wenn es zum Inhalt kommt. Mit reinsten und wertvollsten Stoffen aus der Natur. Eben reines Bio. Der Stoff, aus dem auch wir gemacht sind.

CELLULITE - aber bitte nicht bei uns!

Im Laufe meiner beruflichen Erfahrungen ist deutlich zu erkennen, wie ratlos sich Verbraucherinnen oft beim Thema Hautpflege fühlen. Werbung und die darin versprochenen Ergebnisse stehen häufig in krassem Gegensatz zur Praxis.
Die überteuerte Cellulitecreme machte Hildes Hintern samt Oberschenkel nämlich gar nicht cellulitefrei. Obwohl sie, genau wie auf der Packungsbeilage gefordert, überdurchschnittlich viel cremte, sodass der Topf binnen kurzer Zeit nachgekauft werden musste. Aber es blieb, was es war: Cellulite an ihrem Hintern. Heute schmunzelt sie über die Naivität, der Werbung vollauf vertraut zu haben. Hilde ging einen neuen Weg: weniger Chemie für innen und außen und sich mehr auf Naturstoffe konzentrierend. Und trotz alledem darf und soll das Cremedöschen

ansprechend aussehen. Sozusagen den Hauch von Luxus in sich tragen. Sie verspürte keine Lust, „öko" auszusehen, in Schlabberlook, mit fahler abgemagerter Haut und bitte die Haare nicht zu stylisch. Der Pflegeplan beinhaltet 2x pro Woche Naturpeeling für die Haut. Und zwar eines, das so gut wie nichts kostet. 1 Teelöffel Salz (jodfrei!)*Meersalz

+ 2 Teelöffel kaltgepresstes Olivenöl

Beides verrühren und anschließend in kreisenden Bewegungen aufs Gesicht auftragen. Hierfür benötigen wir keinen großen Druck, da ein reines Salzpeeling bereits ausreichend Körnung mitbringt. Circa ½ bis 1 Minute über die einzelnen Gesichtspartien wie Stirn und Orbitalbereich (Augenbereich) - ruhig bewegliches Lid miteinbeziehen - sowie unterhalb der Augen und Schläfen streichen. Wangen, gesamter Nasenbereich inkl. Nasenrücken und Kinn ebenfalls berücksichtigen. Wenn Lust und Zeit es zulassen, gern auch den Hals berücksichtigen. Zum Abschluss mit dem Peeling über Ihre kostbaren Hände fahren. Hilde stellt jedes Mal fest, dass die Haut sich danach samtweich und trotzdem prall anfühlt. Die dann aufzutragende **BioDiVeda** Creme kann mengenmäßig reduziert erfolgen. Da die Behandlung belohnt wird, können Sie das auch. Man - in diesem Fall Frau - muss es nur tun. Im besten Fall regelmäßig.

Zusatztipp: Dieses Naturpeeling ist eine hervorragende Möglichkeit, die Körperhaut von rauen oder trockenen Stellen zu befreien.

__Pflegetipp auch für Sie:__

Wie Hilde können Sie Ihre Haut 2- bis 3-mal in der Woche mit einer Gesichtsmaske zum Strahlen bringen. Masken sind schnelle Schönmacher und meist unproblematisch in der Handhabung. Der Champagner unter den Masken sind die hochwertigen exklusiven Biocremes. Konkret können Sie sich, wenn Sie im Besitz einer echten (!) **BioDiVeda**-Creme sind, den zusätzlichen Kauf einer Maske vollends sparen. Deluxemäßig tragen Sie diese auf, indem Sie die Creme mit Pinsel oder Finger auf Gesicht und Hals bringen. NICHT einreiben! Die Creme/Maske sollte gut zu erkennen sein. Des Weiteren können Sie sogar die Augenpartie miteinbeziehen. Erwähnte Creme hat keine Kriechstoffe (Spreizmittel), sodass im Grunde nichts in die Augen gelangen kann.

Was wird bei Hildes Home-Pflege - im Gegensatz zu früher – berücksichtigt? Ja, richtig, die Hände. Gehen wir in uns, erkennen wir schnell, dass wir diesen Hautbereich selten so deluxebezogen pflegen wie unser Gesicht. Wenn Sie Hände 1- bis 2-mal wöchentlich einem Peeling unterziehen, ist sind schöne Hände als Ergebnis vorprogrammiert. Aus Studien wissen wir, dass gerade der Bereich Hände mehr Pflege vertragen könnte. Bei näherer Betrachtung ist es beachtlich, was diese alles leisten. Wie oft gerade Frauen beim täglichen Allerlei mit Wasser in Berührung kommen! Häufig muss das kurze Eincremen danach reichen. Hilde schaut genau hin, was sie sich auf ihre schönen Hände cremt. Früher hat sie beim täglichen

Einkauf im Supermarkt zwischen Toilettenpapier und Waschpulver schnell noch eine Tube Handcreme gegriffen, aber nie geschaut, was in diesem noch nicht einmal optisch gut aussehendem Tübchen so enthalten ist. Aber preiswert war´s, das muss reichen, dachte Hilde damals. Sie wissen ja, was auf die Haut drauf kommt, dringt auch in sie ein. Heute weiß sie es besser. Und Sie wissen es auch. Es macht uns nicht ärmer, ein paar Euro mehr für unsere Hände auszugeben. Häufig ist das Alter einer Frau und eines Mannes an den Händen zu erkennen. Warum ist das so? Neben den erwähnten Faktoren spielt auch die Talgproduktion eine gewichtige Rolle. Ihnen ist sicherlich aufgefallen, dass wir während der Pubertät an den Händen keine Pickel oder große Kirsch ähnliche Entzündungen bekommen haben. Manch einer wird sich sagen, das hätte auch noch gefehlt. Im Gegensatz zum Gesichtsbereich verfügt die Haut an den Händen über weniger Eigenfett und Talg. Hinzu kommt, dass im Bereich der Handinnenflächen die Haut dicker, die Handaußenfläche aber dünn ist. Die Hand wird über den Tag hinweg permanent geöffnet, geballt und gestreckt und ist somit einer ganz anderen Beanspruchung ausgesetzt als z. B. die Hautpartien der Arme. Auch die sogenannten Hormonstränge, welche wir aus der Naturheilkunde kennen, haben ihren Verlauf nicht an der Haut der Hände. Der sog. Hormonstrangverlauf befindet sich seitlich unterhalb der Wangen zum Halsbereich auslaufend. Sehr viele Frauen kennen es, dass im Zusammenhang mit dem

Einsetzen der Regel die Haut in diesen Bereichen kleine oder größere Pickel aufweist. Ich kann gut nachvollziehen, dass Hautunreinheiten für Frau enervierend sind. Jedoch stimme ich der Naturheilkunde dahingehend zu, dass besonders in der Phase der Monatsblutung die Entschlackung auch über die Haut stattfindet. Deshalb haben so manche ganzheitlich denkende HeilpraktikerInnen recht, dass die Ausschleusung von Schlacken für den Körper wichtig ist. Es ist für Frau natürlich nichtsdestotrotz unangenehm, wenn starke Hautentzündungen auftreten. Mit hochwertigsten Naturcremes bis hin zur wichtigen Bio-Tönungscreme kann Frau auch diese Phasen sehr gut überstehen.

HAUT und MARMELADE

Ihnen mag der Vergleich von Haut und Marmelade auf den ersten Blick befremdlich vorkommen. Das ist auch verständlich. Auf den zweiten Blick allerdings werden Sie neue Erkenntnisse gewinnen. Während eines Urlaubs besuchte ich eine Marmeladen-Manufaktur. Leckere Speisen wie selbstgebackenes Brot, gepresste Säfte und köstliche Marmelade aus deren eigener Herstellung verwöhnten unsere Gaumen. Bei dieser Probierstunde fiel es mir wie Schuppen von den Augen, dass Handwerk goldenen Boden hat – jedoch bezogen auf den Endverbraucher und dessen Gesundheit. Denn hier konnte ich authentische Deklarationen erkennen, sprich, was wirklich im Produkt drin ist. Wer über ein feines sensorisches Geschmacksempfinden gepaart mit Eigenverantwortung für die eigene Gesundheit verfügt, wird am Geschmack erkennen, was den großen Unterschied zwischen industriell gefertigten Produkten und Manufakturarbeit ausmacht. Letztere ist Handarbeit wie zu Mutters Zeiten. Geruchsempfindungen, die wir mit schönen Erinnerungen verknüpfen, stellen sich ein. Und der Organismus sowie unsere Seele freuen sich über gute Naturstoffe, die ihnen zugeführt werden - welche der Körper auch dementsprechend gut verarbeiten kann. Woraus besteht der Mensch, wenn er synthetische Stoffe zu sich nimmt?

Bleibt er Bio oder wird er zu Plastik?

Trinken wir ein Glas Alkohol, spüren wir, dass dieser Auswirkungen auf die Sinneswahrnehmung hat. Das eine oder andere Mal sehen wir, bedingt durch ein Glas Champagner, die Welt um uns herum ein wenig beschwingter. Leeren wir die gesamte Flasche, möchte sich dieses gute Gefühl nicht mehr einstellen. Die Leber, auf Grund der dann verstärkt einsetzenden Entschlackung, will den Organismus wieder reinigen und benötigt dafür Energie. Die Kopfschmerzen, welche sich nach einer durchzechten Nacht bei vielen einstellen, ist eine weitere Botschaft. Nach schwerem Essen bekommen wir zwar in der Regel keine Kopfschmerzen, jedoch kennt man das Gefühl der Trägheit, welches sich bereits kurz nach dem Festtagsschmaus einstellt. Die vor der Verköstigung freudige Lebensenergie wandelt sich anschließend eher zu schwerer Müdigkeit. Die Gespräche am Esstisch verstummen merklich und der ein oder andere sehnt sich die Möglichkeit herbei, ein Nickerchen abhalten zu können. Wir würden diesen Beschreibungen kaum widersprechen, weil sie sich mit unseren Erfahrungen decken.

Der Haut, unserem größten Organ, sprechen wir jedoch gern ab, dass das, was wir ihr in Form von Cremes, Lotionen und Parfums zuführen, Auswirkungen hat, im Positiven wie im Negativen. Dass zum Beispiel hochwertige naturbelassene Hautöle wie Jojoba oder Sesam eine heilende Wirkung haben, Wirkstoffe wie Zink einen immensen Beruhigungs- und Abheilungsprozess in

Gang setzen und echte ätherische Öle wie Lavendel zur schnellen Entspannung weiterer Sinne führen, ist Fakt. Wenn Giftstoffe wie Silikone, Parabene und künstliche Duftstoffe aus der synthetischen Laborküche in zigfacher Verstärkung auf unsere kostbare Haut aufgetragen werden, steckt sie dieses erst einmal stumm weg. Manch einer zeigt sofortige Reaktionen auf Stoffe, die der Haut schaden. Bei vielen von uns benötigt es Jahre, bis wir uns nach der Adresse eines Hautarztes erkundigen, weil aus dem heimischen Badezimmer nichts mehr helfen will.

Fazit und Schlusswort

Sie sind gemeinsam mit mir abgetaucht in ein Thema, das Menschen so lange begleitet wie kaum ein anderes, nämlich ein Leben lang. Wir konnten uns mit Studien befassen, die sich teilweise widersprechen, aber die sogenannte Wissenschaft glaubt anhand von Zahlen das Leben durchschauen zu können. Jeder, der sich mit einem gesunden Bauchgefühl auf den Lebensweg macht, wird jedoch erkennen, dass die Ausnahme die Regel ist. Dass wir so manches Mal nicht auf einen Modetrend aufgesprungen sind, obwohl die Medien alles gegeben haben, uns im Sinne der Konzerne, nicht aber in unserem, zu manipulieren, zeigt, dass wir sehr wohl unser „Bauchgehirn" einzusetzen wissen. Das eine oder andere Mal haben wir Mut und Kraft gefunden, unbequeme Meinungen und insbesondere eine der Massen entgegengesetzte Haltung zu vertreten. Und wir wurden im Nachhinein manches Mal belohnt. Trends, die für Haut und Körper schädlich waren, haben wir bisweilen zu widerstehen gewusst und konnten feststellen, dass wir gesundheitlichen Schädigungen entkommen sind. Unsere eigenen Nägel halten und sehen schön sowie gesund aus. Wir waren es ihnen schuldig, diesen nicht chemische Plaste und Elaste zuzumuten. Unsere Amygdala bekommt kein Botox, sie darf alle Höhen und Tiefen erleben, ohne permanent betäubt zu sein. Die Leber freut sich, da sie sich auf andere Dinge und deren Entschlackung konzentrieren kann. Wir haben uns selbst von Menschen das eine oder andere Mal nicht blenden lassen, weder vom Label an der Kleidung oder dem Täschchen noch einem chirurgischen Komplettumbau, selbst wenn dieser der Formel Wer nicht so aussieht wie Modell K, hat im Leben schlechte Karten weiterzukommen verdammt nah kam. Immerhin werden wir nicht als Sondermüll deklariert werden müssen. Auch entgehen wir dem Zwang, in heimischen Räumen mit alten ausgeleierten Jogginghosen herumzulaufen, dass selbst der Hund keine Lust verspürt, so mit uns Gassi zu gehen. Wir genießen es, uns im trauten Heim auch abendlich mal ins schöne Abendkleid zu hüllen - und putzen ab und zu mit den dazu passenden Pumps inklusive unverschämt hohen Absätzen. Dies lässt uns das Staubwischen gleich leichter von der Hand gehen.

Wenn wir dem Reifer werden (Alter) etwas abgewinnen können, dann dass man Trends gegenüber resistenter wird. Während wir in jungen Jahren dem Gruppenzwang bereits in der Schule oder politischen Systemen ausgeliefert waren, finden wir irgendwann mehr zu uns selbst. Älterwerden kann klüger und auch schön machen.

Unsere Haut mit einer Oberfläche bis zu 2 Quadratmetern und einem Gewicht von bis zu 10 Kilogramm ist Schutzschild und Sinnesorgan zugleich. Die vorgenannte Kilo Zahl dürfen Sie das nächste Mal ruhig von Ihrer Gewichtsangabe auf der Waage abziehen.

Bleiben Sie schön, ein Leben lang - zumindest in Ihrer Seele.

Ein schönes Hautgefühl
wünscht Ihnen
Undine Wolfram
(Kosmetikerin und Haut-Therapeutin)

Quellen:

Margot Hellmiß : Natürlich heilen mit Apfelessig, Südwest Verlag 1997
Bruce Lipton Ph.D. : Intelligente Zellen, Koha-Verlag 2010
Dr. Eckstein : Biokosmetik, Verlag Fritz Majer & Sohn 1979
Dr. Rosina Sonnenschmidt: Haut und Lymphsystem - Bastionen der Immunkraft,
Narayana Verlag 2011
Dr. Rosina Sonnenschmidt: Sinnesorgane - Wunderwerk d. Kommunikation, Narayana Verlag 2011
Marion Schimmelpfennig : Giftcocktail-Körperpflege, Fischer-Verlag 2014
Andreas Moritz: Die Wundersame Leber- & Gallenblasenreinigung, voxverlag, 2010
Daniel Golemann: Soziale Intelligenz, Knaur verlag 2008
Ursula Nuber: Schöner werden wir morgen. Scherz Verlag 1997
Thomas Frankenbach: Somatische Intelligenz, Koha-Verlag 2014

Studien:

Leuphana Universität Lüneburg 2011: Besseres Aussehen, bessere Chancen
Universität Regensburg: Vermessne Schönheit
WDR Köln,www.quarks.de: Warum habe es schöne Menschen leichter?, 2013

Hyaluron - ein legendärer Wirkstoff, Kosmetische Praxis-Magazin, 2008

Imlanstudie, Juni-September 2008 - Jojobaöl, Mandelöl

Archiv.medizin-aspekte.de, Publikatio cFLIP RegulatesSkin Homeastasis, 2013

Hylauronstudien:

GALDERMA,Düsseldorf ,Restylane,Die Technologie hinter Restylane

Spiegel online: Geschäfte mit der Schönheit, 2014

Der Spiegel: Vermessene Begierde,1998

Naturkosmetikportal: Parabene, 23.07.2014

PD Dr. Haslinger und Kollegen: fMRT-Magnet-Resonanz-Tomographie,Die Gehirnaktivität 2014

Studie des Instituto di Neuroscienze in Italien: Botox - tödliche Gefahr?, 2014

Schweizer Gesundheitsbehörde Swissmedic: Botox - Schluckbeschwerden, 2014

Zentrum der Gesundheit, Zürich: Die Wirkung von Coenzym Q10. 2015

Karrierebibel.de:Das Phänomen der Stutenbissigkeit, 2015

Saldo-Studie 15/2007: Rasierschäume und DEP

Stiftung Warentest Wimperntusche